跟着大师
学管理

谭波 —————— 编著

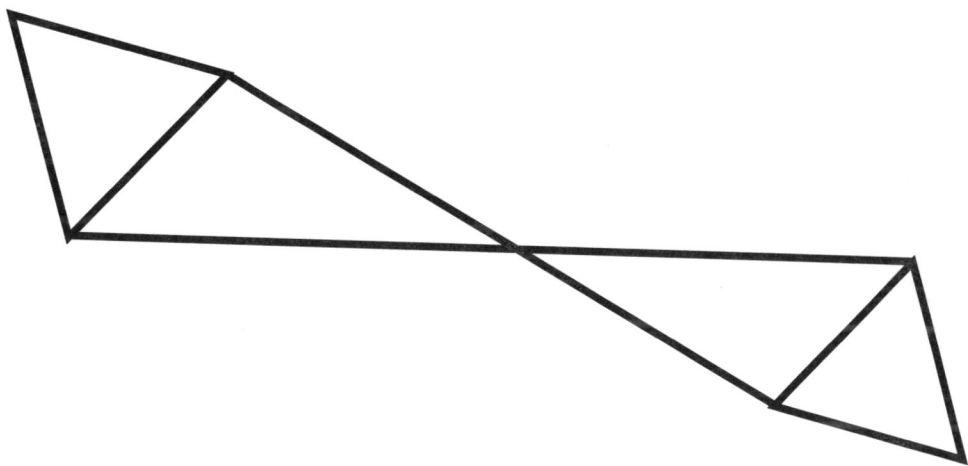

MASTER
MANAGEMENT

吉林出版集团股份有限公司

U0677514

图书在版编目（CIP）数据

跟着大师学管理 / 谭波编著. — 长春：吉林出版集团股份有限公司, 2018.7

ISBN 978-7-5581-5208-5

Ⅰ. ①跟… Ⅱ. ①谭… Ⅲ. ①管理学

Ⅳ. ①C93

中国版本图书馆CIP数据核字（2018）第134124号

跟着大师学管理

编　　著	谭　波	
责任编辑	王　平　史俊南	
开　　本	710mm×1000mm　　1/16	
字　　数	240千字	
印　　张	17	
版　　次	2018年11月第1版	
印　　次	2018年11月第1次印刷	
出　　版	吉林出版集团股份有限公司	
电　　话	总编办：010-63109269	
	发行部：010-67208886	
印　　刷	三河市天润建兴印务有限公司	

ISBN　978-7-5581-5208-5　　　　　　　　定价：45.00元

版权所有　侵权必究

前言

　　近80年来，是人类历史大发展的时期，也是管理理论发展最为光辉璀璨的时期，一个个创新的思想、一次次探索的实践，给处于迷津之中的你指明了方向，加速缔造了现代的工业文明。历史的车轮转到了21世纪，随着经济的大发展，世界各国联系的日益紧密，管理理念的适时更新成为企业发展的必须条件，然而在浩如烟海的万千管理定律和准则面前，许多企业家时常感到茫然不知所措，他们很难抓住企业应该需要的管理理念，因此，常处于探索之中。又由于现在市面上流行的论著多是关于某一个管理学家的书籍，这又加大了个人把握、审视重要管理理念的难度。今天，我们在世界管理思想宝库的茂密丛林中，发掘出十颗最具价值的思想明珠，并从这十颗明珠中挖掘出其最核心、最闪耀的管理理论，笔者在认真、全面研读这十位管理学大师的著作之后，为求言简意赅，抱着"用一句话就让广大读者读懂世界级十大管理大师思想"的宗旨，与广大读者来分享这些天才的管理学家的思想。

　　本书分别叙述了彼得·德鲁克任务、责任、实践的管理理念；迈克尔·波特对于竞争战略、差异化竞争力的权威论断；加里·哈默尔对于核心竞争力的推崇；克莱顿·克里斯坦森将创新视为企业发展第一生命力的思想；汤姆·彼得斯对于客户服务竞争天堂的构建；亨利·明茨伯格所演绎的战略管理和经理角色学派理论；詹姆斯·柯林斯所倡导的企业文化；迈克尔·汉默对企业业务流程重组做出的根本性思考；菲利普·科特勒对社会营销理念的提出和倡导；约翰·科特手把手地教给你如何领导与变革等在管理学界有重大影响的管理思想，力求让读者更简单、更轻松地读懂世界级十大管理大师的理念，与他们进行心与心的直接对话。

笔者在写作过程中，力求言简意赅，把十大管理学家的最核心、影响世人最深刻的管理理念阐释出来，比如，在谈到彼得·德鲁克时，笔者将他的理念浓缩为一组词组——管理任务、承担责任、勇于实践，使读者能够一目了然，明白于心。再者，笔者认为，许多管理学的思想在一定的历史背景下是有其特殊意义的，但随着时势的转变，一些理念可能对现实中的企业发展已不具有借鉴和警示意义，在此基础上，笔者经过分类，挑选了其中对现实工作有用的管理理论，比如，众所周知，迈克尔·波特对于管理理论的主要贡献，是在产业经济学与管理学之间架起了一座桥梁，但其理论中关于竞争战略和差异化竞争力方面的论述则是对现代企业发展大有裨益的论断，因此，笔者特意挑选了这一部分内容做了翔实而深入的论述。最后，笔者编写此书的一个主要用意还在于为中国企业挑选适合其需要的管理理论，希望通过自己的整理和筛选，帮助中国企业更好地与世界接轨。比如，在谈到约翰·科特对领导与变革的论述这一章节时，笔者就反复提到，由于中国企业发展起步晚，一些内部机制和程序都有待完善，一定要十分注重对企业文化的锻造。

为了更加吸引读者，笔者力求用词简洁，用例熟悉，倡导幽默风趣的语言风格，使读者可以在欢快的阅读中，更好地领悟和参透十大管理大师的思想精髓。

读者朋友读到此书，如果能够有所启发是笔者最大的心愿，笔者希望广大读者能够在大师管理理论的指导下，更好地去与实践相结合，在实践中探索，在探索中进步，如能有此效能，则笔者闻之必心中大喜也！然则，笔者在总结、归纳时，难免会有疏漏，又因学识、经历有限，如有不足之处，还请广大读者朋友批评、指正！

CONTENTS 目录

01 现代管理学之父

——彼得·德鲁克

现代管理学之父——彼得·德鲁克 / 003

管理者的三项任务 / 006

管理的责任 / 011

管理是一种实践 / 018

02 当今世界上竞争战略和竞争力方面公认的第一权威

——迈克尔·波特

竞争战略之父——迈克尔·波特 / 023

"五力模型"的提出 / 027

一个有机的整体——竞争战略的选择、实施、控制和评价 / 037

企业竞争战略目标和计划的制定 / 044

差异化战略在"三种通用战略"中的地位和作用 / 052

03 把核心竞争力推向极致的管理学大师

——加里·哈默尔

世界一流的战略大师——加里·哈默尔 / 057

《公司的核心竞争力》中关于核心竞争力的论述

——企业核心竞争力理论的正式提出 / 060

《竞争大未来》中关于核心竞争力的论述

——创新主要是指产生"新观念" / 067

《引导革命》中关于核心竞争力的论述

——积极建立并发挥企业的核心竞争力 / 071

04 将创新视为企业发展第一生命力的管理大师

——克莱顿·克里斯坦森

杰出的管理学者和身体力行的管理实践者

——克莱顿·克里斯坦森 / 085

克里斯坦森的颠覆性创新理论概述 / 087

良好的管理是导致优秀企业衰败的原因 / 093

掌握突破性创新的规律 / 099

突破性创新原则的提出 / 101

应对突破性技术的五个原则 / 102

05 和顾客站在一起，为了顾客的利益销售

——汤姆·彼得斯

管理中的领袖——汤姆·彼得斯 / 109

面向市场面向顾客 / 111

客户服务质量是竞争的关键 / 117

客户服务思想的提出 / 123

全神贯注地倾听顾客意见 / 131

06 战略管理和经理角色学派的主要代表人物

——亨利·明茨伯格

组织管理和战略管理领域的权威管理学家

——亨利·明茨伯格 / 143

明茨伯格对于经理工作的分析 / 147

明茨伯格关于战略管理的经典论述 / 154

07　企业文化管理理论与实践的双料大师

——詹姆斯·柯林斯

斯坦福大学商学院杰出教学奖获得者——詹姆斯·柯林斯 / 159

造钟，而不是报时 / 161

利润之上的追求 / 181

教派般的文化 / 189

自家长成的经理人 / 197

08　对企业业务流程重组做出根本性思考的管理大师

——迈克尔·汉默

BPR领域卓有成就的大师——迈克尔·汉默 / 211

企业业务流程重组思想的提出 / 214

汉默对于企业业务流程重组的思考 / 216

怎样进行企业流程再造 / 223

09 社会营销理念的提出和倡导者

——菲利普·科特勒

现代营销学之父——菲利普·科特勒 / 227

社会营销理念的提出 / 230

科特勒关于社会营销理念的集中论述 / 233

10 世界领导与变革领域的权威人物

——约翰·科特

走近领导变革之父——约翰·科特 / 243

约翰·科特的领导理论 / 246

成功变革的8大步骤 / 251

企业的变革 / 255

01

现代管理学之父

——彼得·德鲁克

现代管理学之父

——彼得·德鲁克

彼得·德鲁克在管理学界具有绝对的崇高地位，被人们尊称为"大师中的大师"。他精辟的见解，奠定了其现代管理学开创者的地位，被誉为"现代管理学之父"。

1909年11月19日，彼得·德鲁克出生于奥地利维也纳，但其祖籍是荷兰。彼得·德鲁克的祖辈曾经从事过出版业，他也是在优良的文化氛围下成长的，父亲是奥地利负责文化事务的官员，曾创办萨尔斯堡音乐节，他的母亲是奥地利率先学习医科的妇女之一。

彼得·德鲁克的一生可谓精彩纷呈，他曾先后在奥地利和德国受教育，1929年后在伦敦任新闻记者和国际银行的经济学家。1931年获法兰克福大学法学博士。1937年移民美国，曾在银行、保险公司和跨国公司任经济学家与管理顾问。1942年，他进入通用汽车公司担任公司顾问。他十分醉心于公司的内部管理结构研究。1943年加入美国国籍。彼得·德鲁克曾经担任过教授，那是在贝宁顿学院和纽约大学时期。所以，彼得·德鲁克时常以作家和老师的身份来定位自己。

1946年，彼得·德鲁克的主要论著《公司概念》出版，"讲述拥有不同技能和知识的人在一个大型组织里怎样分工合作"。在这本书中，他第一次提出了"组织"的概念，由此奠定了组织学的理论基础。

1954年，《管理实践》一书的出版则更具时代意义，在此书中，他提到了一个崭新的概念——目标管理，这标志着管理学正式成为一门独立的学科。

1966年，在《卓有成效的管理者》一书中，他明确告知读者："不是只有管理别人的人才称得上是管理者，在当今知识社会中，知识工作者即为管理者，管理者的工作必须卓有成效。"此书也被众多的高级管理者奉为经典之作。

1973年，其最重要和最精辟的《管理：任务、责任、实践》一书出版发行，这是一本给企业经营者的系统化管理手册，为学习管理学的学生提供了系统化的教科书，告诉管理人员付诸实践的是管理学而不是经济学，不是计量方法，不是行为科学。这本书被立志要在管理学界做出一番成就的学者奉为管理学的《圣经》。

1982—1999年的这一段时期内，彼得·德鲁克又相继出版了《巨变时代的管理》《创新与企业家精神》《21世纪的管理挑战》等一系列论著，每一本论著都深深影响着人类的思维。

到目前为止，彼得·德鲁克已出版了30多种论著，并被翻译成30多种语言，畅销于130多个国家和地区，这些经典论著在全世界各国深受追捧。其中，最受推崇的是他的原则概念及发明，包括："将管理学开创成为一门学科；目标管理与自我控制是管理哲学；组织的目的是为了创造和满足顾客；企业的基本功能是行销与创新；高层管理者在企业策略中的角色；成效比效率更重要；分权化、民营化、知识工作者的兴起；以知识和资讯为基础的社会。"截至到2004年，德鲁克还不断有新书问世。

2002年6月20日，彼得·德鲁克被授予"总统自由勋章"，美国公民一直将此荣誉看作最高荣誉。

无论是英特尔公司创始人安迪·格鲁夫，微软董事长比尔·盖茨，还是通用电气公司前CEO杰克·韦尔奇，他们在管理思想和管理实践方面都受到彼得·德鲁克的启发和影响。"假如世界上果真有所谓大师中的大师，那个人的名字，必定是彼得·德鲁克"——这是著名财经杂志《经济学人》对彼得·德鲁克的评价。

2005年11月11日，彼得·德鲁克与世长辞，享年95岁，一代巨星的陨落实乃管理学界的损失，但他的理念和管理理论一直在指引着人们去奋勇前行。

管理者的三项任务

管理不仅是任务，更是一门学科，但有一点我们必须清楚，管理者也是人。管理的每一次的成就都是管理人员的成就，每一次的失败都是管理人员的失败。进行管理的是人，而不是各种"力量"或"事实"，管理人员的理想、献身精神和人格决定着管理是否能够成功。

管理有三项主要的任务：一是经济上的成就；二是使工作富有活力并使职工有成就感；三是企业对社会的影响和对社会的责任。

从另一个角度来说，工商企业包括公共服务机构，其实都是社会的组成器官，他们并不是为自身的目的，而是为实现某种特别的社会目的并满足社会、社区或个人的某种特殊需要而存在的。他们本身并不是目的，而是手段。

就管理本身而言，无所谓什么职能，而且也无所谓什么存在。管理如果脱离了它所服务的机构就不是管理了。

我们想要明白"管理是什么？"这个问题，第一步我们就要通过知晓管理的任务这个步骤来阐释，不过"管理是什么？"这个问题应该是第二位的。

为了使机构能执行其职能并作出贡献，管理必须完成三项同等重要而又极不相同的任务：

——本机构的特殊目的和使命；

——使工作富有活力并使职工有成就感；

——处理本机构对社会的影响和对社会的责任。

1. 目的和使命

一个机构是为什么而存在的呢？彼得·德鲁克说了两个方面——某种特殊目的和使命和某种特殊的社会职能。在工商企业中，这就意味着经济上的成就。

在需要考虑的诸因素中，我们看到工商企业机构和非工商企业机构是不同的。而在考虑其他各项任务时，它们是相似的。但是，只有工商企业才把经济上的成就作为他们的特殊使命。工商企业的定义就是其为了经济上的成就而存在。在所有其他各种机构中，如医院、教会、大学或军队，经济因素只是一项约束条件。在工商企业中，经济上的成就是它存在的理由和目的。

在工商企业的每次决策和行动中，它必须始终把经济上的成就作为其管理的首要考虑因素。工商企业只有通过在经济上的成就才能证明自身存在的必要和权威。而这就意味着工商企业有责任获得利润，而不论一个社会的经济或政治结构或思想意识形态是怎样的。

工商企业管理的首要内涵我们必须严格把握，更多的时候，它是一个社会特殊的一种经济器官。管理者的每一项行动、每一项决策、每一项考虑，都必须把经济上的成就放在首位。

2. 富有活力的工作和职工的成就感

在彼得·德鲁克的眼中，它是将富有活力的工作和职工的成就感视为管理的第二项任务，因为彼得·德鲁克清楚地知道，无论是工商企业还是其他的任何一个机构，只有人才是一项真正的资源。它通过富有活力的人力资源来完成它的任务，通过完成工作来取得成就。因此，使工作富有活力是首要的职能。但与此同时，在今日的社会中，这些机构日益成为个人取得生计并取得社会地位、与人交往、个人的成就和满足的手段。因此，使职工有成就感越来越重要，并且是一个机构所取得成就的衡量标准，它已成为管理的一项任务。

根据事物发展本身的逻辑顺序来看，将工作很好地串联在一起只能算是一个起点，走的仅仅是第一步。接下来的一步，就要困难得多了，那就是如何让工作去适应人，有一点我们必须明白——人的逻辑同工作的逻辑是根本不同的。使职工有成就感意味着要把人看成是一种有着特别的生理和心理的特点、能力、限制以及不同的行动模式的有机体。它意味着要把人力资源看成是人而不是物，而人力资源不同于其他资源，具有个性、公民资格，对于是否工作以及工作多少或好坏能加以控制，因而就要求有责任心、激励、参与、满足、鼓励和报酬、领导、地位和职能。

要去与这些要求相匹配，那只有去依靠管理了，并且只有管理才是最好的良药。对于职工来讲，不论他是操作机器的工人还是总经理，都必须通过他们在工作和职位上的成就来取得满足——也就是说，在企业中取得满足；而管理是企业的启动器官。

3. 对社会的影响和对社会的责任

企业对社会会产生何种影响，企业要对社会承担哪些必要的责任，这是管理需要去做的第三项任务。我们的各个机构不是为了它自身（社会的影响和社会的责任）而存在的，也不是以自身为目的的。每一个机构都是社会的一个器官，而且是为社会而存在的。

在我们生活中存在的机构，他们存在的意义是什么呢？我们可以说，他们是为了供给和满足成员需要而存在的。工商企业之所以存在是为了向顾客提供商品和服务，而不是为了给职工提供工作，甚至也不是为了向股东提供股息。学校之所以存在并不是为了教师，而是为了学生。假使某个管理者忽视了这个最起码的基点，毫无疑问，该管理者肯定是不称职的。所以，任何一个机构都不能独立于社会而单独存在。无论从何种区分来看，机构都必须是社会的一部分。

工商企业为了生存以及为求自身的发展壮大，必然要为社会提供服务，这就必然要与社会碰撞，不可避免地要发生相互联系。它必须对人（如职工）拥有权力和权威，而职工自己的目标和目的并不是由企业来规定，也不是包含在企业目标之中的。企业作为提供工作和税收收入的来源，同时也作为废物和污染物的来源，必然对社会产生影响。还有，在我们这个由各种组织构成的多元社会中，企业除了对生活的数量即经济商品和服务的基本关心以外，日益关注生活的质量，也就是我们所谓和谐的、人性的、绿色的生态环境。

企业在这方面的影响和作用是与生俱来的，对任何机构的管理人员来说都不可避免。大学、医院和政府机构同样也存在着对社会的影响和对社会的责任——而且一般较工商企业更加没有意识到这一方面，更加不关注他们对人、社会和社区的责任。可是，我们越来越期望于工商企业承担起生活质量的领导作用。所以，很好地处理机构与社会的相互关系就必然是管理者的一个很重要的任务。

以上所提到的管理的三项任务是同时存在的，他们之间是互相平等的关系，无先后顺序，我们更不能把其中某一项任务摆在更加突出的位置。的确，业务方面的成就是第一位的——它是企业的目标和存在的理由。但是，如果对工作和职工的管理是错误的，那么无论总经理对业务的管理是如何的好，也不会有业务方面的成就。在对工作和职工错误管理的情况下，所取得的经济上的成就是虚假的，而且实际上会对资本起破坏作用。这种成就会使成本提高到失去竞争力的程度；它会导致阶级仇恨和阶级斗争，从而最终使企业完全不能经营下去。假如不能理性而正确地处理和社会的相互关系，就会失去社会对企业的关怀，这时企业也就不可避免地会走向灭亡。

在管理的这三项任务中，每一项都有其重要性，比如说管理的重要性就在于企业是一个经济机构；但使工作富有活力并使职工有成就感的重要性，这是因为社会不是一个经济机构，而期望通过管理来实现基本的信念和价值现；企业对社会的影响也有其重要性，因为没有一个器官可以脱离开它所服务的躯体而继续存在，而企业就是社会中的一个器官。

综上所述，我们感触最深的一点就是，工作以及成就一直都是切切实实地摆在那儿的。因此，在经济成就的现实和工作的现实这两种现实之间存在着紧张状态。管理需要完成的使命就是消除紧张的氛围，使其回到轻松而富有活力的轨道上来。

管理的责任

我们想要理解管理的责任，就必须建立在完全正确理解管理的目标的基础之上。所以彼得·德鲁克在《管理：任务、责任、实践》这本著作中讲到，管理的责任实质是为了实现管理目标而实施的管理活动。可见，彼得·德鲁克在这个时期对管理的理解已经与十年前明显不同了，以前他更多的是强调"卓有成效"。现在他更强调，管理是"为了作出某种特别的贡献并执行某种特别的社会职能而存在"，这种特别的社会职能决定了它的责任。所以，《管理：任务、责任、实践》是彼得·德鲁克对自己几十年的管理知识、经验与思考的总结和浓缩。纵览全书，我们可以把彼得·德鲁克的管理诠释为：以管理目标为中心、以卓有成效的管理为要求、以管理者承担责任为途径的实践活动——这是理解彼得·德鲁克的《管理：任务、责任、实践》一书的主要线索，也是理解他整个管理思想体系的基本要点。

1. 管理责任

理解彼得·德鲁克管理的有效方法是从认识管理人员的责任、员工的责任和企业的责任开始。这就要求我们首先需要理解彼得·德鲁克所认同的责任概念。那么，彼得·德鲁克理解的责任是什么呢？他虽然没有对管理责任给出专门的定义，但从相关的论述可以看出。他指出"权力和职权是两回事，管理者并没有权力，只有责任。它需要而且必须拥有职权来完成其责任——但除此之外，决不能再多要一点"。可见彼得·德鲁克从管理的角度理解的责任有自己独到之处，需要我们仔细品味。

第一，责任是对管理者的基本要求，即"做一个管理人员就意味着需要分担企业成就的责任"，一个没有被期望承担这种责任的人，就不是一个管理人员。"承担企业成就的责任"作为对管理者的要求，可以从不同的角度理解，但是我们认为至少应该包括：能胜任工作，认真对待自己的工作，对企业和自己的任务、成绩负起责任来。

第二，承担责任需要起码的职权限度。如同法学理论的观点，在政治词典中不存在孤立的"责任"，只有"责任和职权"并存。任何人要求职权就要承担责任，而任何人承担责任也就是要求职权。因此，责任与职权是让管理者承担责任的两个不可或缺的要素。那么，管理者如何正确行使他的职权呢？彼得·德鲁克主张应该在职权基础上建立一定的权威，通过工作过程中获得的权威来进行管理，而不是靠"权力"进行管理。所以他建议"为了建立可达成的组织，你必须用责任取代权力"。同时，权威是管理者在进行工作时才具有的权威，离开工作环境就不存在权威的问题。因此，"在确定一个组织中负有管理责任的人时，较为恰当的是强调指出其首要标志不是对人员的指挥，而是对贡献的责任"。这就更加明确了在管理过程中使用的是职权而不是权力，职权对于贡献所承担的责任要比权力更加重要。即"组织的原则应该是职能而不是权力"。

第三，责任是管理者的目标与整个团体目标一致的保证。责任对于管理者来说是对自己与他人关系的一种规范。如果只对别人提出要求而不对自己提出要求，那是没有用的，而且也是不负责任的。如果员工不能肯定自己对公司是认真的、负责的、有能力的，他们就不会为自己的工作、团队和所在单位的事务承担起责任来。要使员工承担起责任和有所成就，就必须使追求工作目标的人员与他们的上级共同为每一项工作制定目标。同时，管理者必须使工作富有活力，以便员工能够通过工作使自己有所成就。而员工则需要有他们承担责任而引起的要求、纪律和激励。在管理集团中，有的人的职能是传统意义上的管理职能，对其他人的工作负有责任。

回顾当时的历史背景有助于我们更深刻地理解彼得·德鲁克的管理责任的概念。如前所述，20世纪70年代是西方社会追逐人本而质疑制度的时代。他作为一位管理学大师，从管理的角度论述了多元化社会中公民责任是确保公民个性自由的有效保障。他认为，使各种机构有所成就的是管理者的管理，所以负责的管理是代替专制的唯一选择和保护员工免受专制的唯一途径，员工认为，彼得·德鲁克的管理责任观点是正确的，对于当今中国市场化改革中的社会秩序重建有着积极的意义。

2. 管理责任的基础

管理理论所关注的是什么呢？首先我们要明确的是管理者的责任，此外还要通晓怎么才能对管理者责任进行卓有成效的管理。对此，彼得·德鲁克专门研究了管理责任的基础问题，即对企业进行责任管理所需要的条件。在《管理：任务、责任、实践》一书中，彼得·德鲁克列举了管理责任的五大基础：

（1）设定责任目标。主要包括决定管理责任的目标应该是什么，决定实现责任目标的过程和阶段应该是什么，决定要实现责任目标所需要完成的工作。

（2）管理团队。为了有效管理团队的责任问题，彼得·德鲁克分析了活动、决策和相关的需求。彼得·德鲁克对工作进行了分类，他把工作分为易于管理的活动和难于管理的活动，并进一步对各种活动的管理任务进行分类。他还阐述了如何把机构与任务进行有组织的结构安排，这些都给管理者有效管理团队明确了任务。此外，彼得·德鲁克还主张，在大型机构还应该挑选和委派专门人员去对这些单位和要做的工作进行责任管理。

（3）激励和交流。彼得·德鲁克认为，为了使管理责任能够具体落实到每一位管理者身上，还需要通过薪酬激励、工作安排和提升等"人力资源杠杆"来进行责任激励。这样做可以使管理者有强烈的责任动机，可以有效避免责任成为管理者的一厢情愿的问题。除了有效地激励之外，彼得·德鲁克还强调，管理者还应通过经常性地与他的下属、上司和同僚进行交流沟通来不断明确各自的责任，及时修正责任人和责任范围。这样做可以避免责任不清的问题。

（4）有效的责任考评。彼得·德鲁克在强调自我管理的同时，还强调制度化考评对于管理的积极作用，他认为，考评是管理者工作中的基本要素。通过考评，为管理者建立责任评判标准，规定最低的责任要求，为责任问题提供一个赏罚的依据。所有这些对于激励有责任者和鞭策责任缺乏者都是重要的。

（5）开发和培养人才。彼得·德鲁克明确地把责任当做管理者人才的基本要求，因此，需要从人力资源管理的各个环节进行责任管理，这是有效责任管理的一个条件。但是他的人才开发和培养不仅仅是对下属，而且也包括开发管理者本人。"将管理者和其他人区分开的最重要的职能就是他的教育作用"，他写道，"只有管理者才被人们要求帮助其他人获得远见和能力，使这些人的表现能达到高水平。按照最彻底地分析，只有这种远见和道德责任才真正定义了管理者。"

3. 企业的社会责任

根据彼得·德鲁克的观点，企业要担负起实现企业使命的责任，除了对内实施有效的责任管理之外，对外同样要承担管理的责任——这就是当今极为盛行的企业社会责任管理，它是彼得·德鲁克管理思想的重要内容之一。时至今日，世界上的大型企业组织都纷纷打出企业社会责任的牌，譬如，摩托罗拉公司："本公司存在的目的是光荣地为社会服务。"通用电气公司："通过技术与革新改善生活的质量。"沃尔玛公司："我们存在的目的是为顾客提供价值。"默克公司："我们的工作是维持和改善人类的生活。衡量我们一切行动的价值标准是我们在这方面所取得的成就。"其实，这些内容大都是彼得·德鲁克在30年前所大力提倡的，并把它当做一项重要的管理任务：组织并不是为了自己而存在，他们只是一种工具，每个组织都是用以执行某种社会功能的社会机构。对于组织而言，光是求生存还不够，这与生物体有很大的不同。组织的目标，应该是对个人和社作某种贡献。

在彼得·德鲁克的管理理念中，你必须首先精通的概念是企业因为什么而存在，这也是你进一步把握企业是什么的基本步骤。企业的目的必须存在于企业本身之外，所以必须努力认识组织以外的情况和问题。事实上，企业的目的必须存在于社会之中，因为企业是社会的一部分。企业的目的只有一个适当的定义：创造顾客。对这句话我们可以做这样的理解：企业是为了企业以外的那些需要它的产品和服务的社会上的人群而产生、存在和发展的，并不是为了照顾投资人和在企业中工作的员工的愿望或利益而存在的。因此，所有各种机构的管理者都要对他们的副产品负责，对他们合法活动给人、物质环境及社会环境所产生的影响负责。从这个意义看，"组织并不是为了自己而存在的（企业是组织的一种形式），而只是一种工具：每一个组织都是用以执行某种社会功能的社会机构，对于组织而言，只是求生存是不够的，这与生物体有很大的不同。组织的目标是对个人和社会作某种贡献。因此，对组织功能的考验只能来自外部，这也是它与生物体不一样的地方。"企业对社会的主要责任就是它应该对社会产生积极的影响和效果。同时，把社会问题转化为企业的机会。工商企业的存在，不是为了自身，不是为了工人和管理者有就业的机会，也不是为了分得红利，而是为了对顾客提供商品和劳务。企业为了承担它对社会的责任，提供商品和劳务，就必须对社会有所影响。一方面，为所在社区提供就业机会和税收来源，另一方面又生产出废物、废水、废气，污染环境。在当今这个多机构的社会中，企业必须日益关心它所提供的商品和服务的数量与质量，关心人们的生活和社会的环境等。

4. 基于责任的组织

在彼得·德鲁克看来，存在的组织能够很好地生存是不够的，它还需要建立一个目标——对个人和社会做某种贡献。因此，对其功能的考验，都是来自外部的。这也是它与生物体不一样的地方。管理的外部责任也好，内部责任也好，都需要以组织为载体对其进行有效的管理，因此，构造组织的责任管理或者说构造一个基于责任的组织是必不可少的，它是管理的一项重要任务。事实上，在众多的管理任务中，彼得·德鲁克对组织是重点关注的，他认为，组织并不是为了自己而存在，因此，组织既是管理的目标和对象，又是管理的手段和工具，即每一个组织都是用以执行某种社会功能的社会机构。在传统的管理中，这两点的结合是比较缺乏的。对此，他明确指出，所谓管理是相对于特定组织目标的管理，"管理如果脱离了它所服务的机构就不是管理了"。围绕组织的管理目标，组织必须使这些目标相互平衡、结合、互相竞争，需要平衡目前的需要和未来的需要，它必须把各项目标变成具体的战略并把资源集中于其上。

早在1954年出版的《管理的实践》中，彼得·德鲁克就提出了组织结构适应经营战略的观点。到了20世纪70年代，他更进一步强调了组织在整个管理目标达成过程中的作用。他认为，构建组织的结构体系首先应该考虑这个组织结构所必须达到的要求，同时明确这一结构所要承担的任务和压力，只有这样才谈得上应该如何获得绩效。他明确指出，"组织本身并不是目的，它只是实现商业运营和商业成功的手段"。很显然，组织在彼得·德鲁克那里是机构是一种不可或缺的工具。同时，他还认为"错误的结构则会严重地损害商业运作，甚至会毁掉一个公司"。他建议，探讨组织结构时必须考虑的首要问题是，回答"我们的事业是什么？它应该是什么？"这些是他对组织存在以及本质的最简单的解释。在此基础上，他针对组织的管理目标提出，组织结构要达到保障管理目标的作用必须符合以下三个原则：

（1）必须是为实现企业的绩效而设置。

（2）组织结构应该尽可能减少中间管理层次，形成尽可能短的指挥链。

（3）组织形式要有利于培训和考察未来的高层管理人员。

彼得·德鲁克组织结构的基本原则，已经被后来的研究者和实务者所接受，越来越多的企业遵循他所提出的原则取得了成效。鉴于此，组织无论大小、事业无论单纯还是复杂，都应该包含如下三个方面的工作：首先是日常的经营管理工作，即对已经存在和知道的事物进行管理，利用其潜力解决问题；其次是高层管理工作，从其任务和要求来说，它是与日常的经营管理不同的工作；最后是创新工作，这是同日常的经营管理和高层管理不同的工作，有着不同的要求。

彼得·德鲁克是如何来阐述管理的任务和职责问题的呢？通过深入研究我们发现，他分别从高层管理者、管理人员、员工、组织、战略等方面阐述了这个问题。不过，他对这些不同"角色"的管理定位有不同的论述点，如高层管理者主要强调它的任务，对经理人主要强调它的作用和职责，而对员工则是强调它的工作与成就感，这些都表现出独特的管理定位特征。

管理是一种实践

在彼得·德鲁克的理念中，他认识到管理不应当只是简单的技能习得，而应该是建立在全面认识人类、社会和企业的基础之上的。管理除了运用于一些理论和学术研究外，应该用来解决社会中的现实问题，管理是一种实践。

1971年秋天，彼得·德鲁克没有选择他曾经执教20余载的纽约大学商学院研究生院，而是来到洛杉矶的加州克莱尔蒙特研究生院，为企业高层管理人员培训班授课。这所大学在当时是名不见经传的一所大学，即使是放在现在的美国大学排行榜中，它的排名也是靠后的。这个选择反映了他对当时的管理学研究和教学的不满。他相信管理学应该是一门综合的人文学科，而不是一些细分学科的组合。克莱尔蒙特研究生院也遵从了他的管理哲学，在这里的学生不仅要学习经济和管理，而且要学习历史、社会学、法律和自然科学。这种学术训练方式沿袭了欧洲大学的传统，也反映了管理的本质要求。

恰恰因为这个原因，彼得·德鲁克的作品在很多企业家眼中得到很高的赞誉，可谓是好评不绝于耳。英特尔的创始人安迪·格鲁夫毫不掩饰对彼得·德鲁克的崇拜之情。"彼得·德鲁克是我心中的英雄。他的著作和思想如此清晰有力，在那些狂热追求时髦思想的管理学术贩子中独树一帜。"杰克·韦尔奇也将其重要的企业决策归功于彼得·德鲁克，他认为1981年整合通用电气的第一个核心思想——"第一第二"的原则便来自彼得·德鲁克。

多亏了安迪·格鲁夫、比尔·盖茨此类的伟大企业家和杰克·韦尔奇、张瑞敏等如此优秀的经理人去践行彼得·德鲁克的管理理念，并向世人证明了他的理论的宝贵价值。而这些成就也符合彼得·德鲁克的一贯看法："管理是一种实践，其本质不在于知而在于行，其验证不在于逻辑而在于成果。"

现代管理学是由彼得·德鲁克创建的，这一点毋庸置疑，但有一点可能包括他自己都不会预料到，现当今的管理学已经走入了高度分工的学术研究之中。一位管理学副教授告诉笔者，当前的大多数管理学学术论文虽然符合严格的学术规范，但其价值却不被企业所认同，没有什么实践的价值。追随彼得·德鲁克的其他管理大师在管理学界也一直没有得到主流的认可，其中包括《基业长青》和《从优秀到卓越》的作者吉姆·柯林斯、《追求卓越》的作者汤姆·彼得斯和《第五项修炼》的作者彼得·圣吉。

我们来一起看下面的一个小故事，1994年冬天，吉姆·柯林斯完成了他在管理学上的重要著作《基业长青》之后，第一件事就是驱车到加州的克莱蒙特去拜访彼得·德鲁克。时年36岁的柯林斯在管理学界还属于"无名小辈"，和85岁的彼得·德鲁克在一起的那一天，彻底改变了柯林斯对生活的看法。柯林斯说："别人都在问'我如何成功？'而彼得·德鲁克却在问'我如何贡献？'别人都在追问'我怎么做才能使自己有价值？'彼得·德鲁克却在问：'我怎么做才能对别人有价值？'""走出去，使自己成为有用的人。"临行之前，彼得·德鲁克告诉柯林斯。柯林斯是个才华横溢的人，但彼得·德鲁克却告诉他："把才华应用于实践之中——才能本身毫无用处。许多有才华的人一生碌碌无为，通常是因为他们把才华本身看作是一种结果。"

彼得·德鲁克对生活的看法和对管理的看法一脉相承，那就是任何一种知识，只有当他能应用于实践，改变人们的生活，这种知识才会有价值。彼得·德鲁克早年在德国留学，晚上经常去歌剧院听歌剧。有一次他被意大利作曲家威尔第的歌剧《福斯塔》的美感深深地震撼了，更让他震撼的是他发现这是威尔第80岁时谱写的最后一部作品。威尔第在谈到创作《福斯塔》时说：

"我一生都是音乐家，且一直极力达到完美的境界，而我一直很困惑自己是否已达到这个境界，只是下定了决心再努力一试。"

这段话成了彼得·德鲁克一生追求完美的座右铭。他一生写了39本书，仅从85岁到95岁这10年中就出版了10本著作。正是这种超常的勤奋，使他一直保持着年轻的头脑。他兴趣广泛，对政治学、社会学和管理学的造诣颇深，并每隔三四年就会选择一个新的主题来研究。2002年的《福布斯》封面文章称彼得·德鲁克"依然是最年轻的头脑"。

在他90岁生日时，有人问他长寿的秘诀，他说："每5年重读一遍莎士比亚！"

02

当今世界上竞争战略和
竞争力方面公认的第一权威

——迈克尔·波特

竞争战略之父

——迈克尔·波特

迈克尔·波特是哈佛大学商学院著名教授，当今世界上少数最有影响力的管理学家之一。

他于1983年担当美国总统里根的产业竞争委员会主席，企业竞争战略理论也在此时诞生，并引发了美国乃至世界的竞争力讨论。他先后获得过大卫·威尔兹经济学奖、亚当·斯密奖、五次获得麦肯锡奖，拥有很多大学的名誉博士学位。到目前为止，迈克尔·波特已有17本著作，其中最有影响的有《品牌间选择、战略及双边市场力量》（1976年）、《竞争战略》（1980年）、《竞争优势》（1985年）、《国家竞争力》（1990年）等。

迈克尔·波特很早就被评为哈佛商学院终身教授，当时他年仅32岁，波特也是当今世界上竞争战略和竞争力方面公认的第一权威。他毕业于普林斯顿大学，后获哈佛大学商学院企业经济学博士学位。目前，他拥有瑞典、荷兰、法国等大学的8个名誉博士学位。

迈克尔·波特之所以在管理学领域拥有如此之高的地位，这很大一部分源于他提出了著名的"五种竞争力量"和"三种竞争战略"的理论观点。作为国际商学领域最备受推崇的大师之一，迈克尔·波特至今已出版了17本书，发表了多篇文章。其中，《竞争战略》一书已经再版了53次，并被译为17种文字；另一本著作《竞争优势》，至今也已再版32次。

在竞争战略理论方面，迈克尔·波特做出了极其重要的贡献，"五种竞争力量"——分析产业环境的结构化方法就是他的杰出思想；此外，他在管理学界更具影响的奉献是他明确地提出了三种通用战略，这一经典论述是在《竞争战略》一书中提出的。

在迈克尔·波特的理念中，他认为有三种战略思想隐藏在五种竞争力量的不断斗争中，这三种战略是：总成本领先战略、差异化战略、专一化战略。迈克尔·波特认为，这些战略类型的目标是使企业的经营在产业竞争中高人一筹：在一些产业中，这意味着企业可取得较高的收益；而在另外一些产业中，这种战略的成功可能只是企业在绝对意义上能获取些微收益的必要条件。有时企业追逐的基本目标可能不止一个，但迈克尔·波特认为这种情况实现的可能性是很小的。因为贯彻任何一种战略，通常都需要全力以赴，并且要有一个支持这一战略的组织安排。假如企业最基础的目标在一个以上，那么这些方面的资源就会被分散。

迈克尔·波特出生于密歇根州的大学城——安娜堡，父亲是位军官。他在普林斯顿大学时学的是机械和航空工程，随后转向商业，获哈佛大学的MBA及经济学博士学位，并获得斯德哥尔摩经济学院等七所著名大学的荣誉博士学位。

到目前为止，波特总共有17种论著，此外，他还有数不清的论文存在，他的很多著作都可以被誉为是管理学界中的经典著作，但这位伟大的思想家曾经说过他是不可能写出管理类的畅销书的，因为他的书非常"沉重"，而事实上，他的著作风靡全球。但正如一些学者所说的，这些经典著作绝不是可以躺在沙发上喝着咖啡就可以读的，而是需要静下来，在书桌上一点一滴、逐行逐字地去研读和体会的。迈克尔·波特获得过无数奖项，他因对工业组织的研究而荣获哈佛大学的"大卫·威尔兹经济学奖"；他在《哈佛商业评论》上发表的论文，已经5度获得"麦肯锡奖"；1990年，他的著作《国家竞争优势》一书被美国《商业周刊》选为年度最佳商业书籍；1991年，美国市场协会给他颁发了"市场战略奖"；1993年，他被推选为杰出的商业战略教育家；1997年，美国国家经济学协会授予他"亚当·斯密奖"，以表彰他在经济领域所取得的卓越成就。除了上述提到的荣誉以外，波特还获得了另外许多的殊荣，诸如"格雷厄姆·都德奖""查尔斯·库利奇·巴凌奖"等众多奖项。

令我们非常惊奇的是他还获得过美国公民勋章，通常这个荣誉都是授予战斗英雄或者是异常杰出的运动员。波特曾多年活跃于美军后备队，年轻时是高校里颇负盛名的橄榄球、棒球及高尔夫球队员。

迈克尔·波特天生就与竞争有着千丝万缕的联系，他对竞争也有着与生俱来的敏感性，他的首部令人津津乐道的著作是1980年出版的《竞争战略》，这本书如今已再版53次，它改变了CEO的战略思维。作者在书中总结出了五种竞争力：它们分别是行业中现有对手之间的竞争和紧张状态、来自市场中新生力量的威胁、替代的商品或服务、供应商的还价能力以及消费者的还价能力，这就是著名的"五力模型"。在激烈的商业竞争中，只有灵活运用战略才能胜出，因此，迈克尔·波特为商界人士提供了三种卓有成效的战略，它们是成本优势战略、差异化战略和缝隙市场战略。公司应视具体情况和自身特点来选择战略方针，同时还应该考虑连接产品或者供给的系列通道，迈克尔·波特首次将这种通道称为价值链，他在每一条价值链上区分出内部后勤、生产或供给、外部物流及配送、市场营销及售后服务等五种主要的活动，而每一项活动都伴随着各自的派生活动，每一家公司的价值链相应地融入一个更为广阔的价值体系。

为了适应竞争在环境中的转变，迈克尔·波特顺时将他个人的研究动向转向了国家之间的竞争，要知道他以前的主攻方向是企业之间的竞争，在《国家竞争优势》一书中，他分析了国家为何有贫富之分，一个重要的因素就是国家的价值体系，他把这种价值体系形象地称为"钻石体系"。

最后，我们不得不提到一点，迈克尔·波特其实对民族经济的研究也有所涉猎，而且从另一个层面上来说，还是非常有见地的，虽然并不总是很受欢迎。

"五力模型"的提出

　　五种竞争力量模型是哈佛商学院迈克尔·波特教授提出的。他认为："存在于产业中的竞争远不只在现有企业间进行，而是存在于五种竞争力量，即潜在进入者的威胁、现有企业间的竞争、购买者讨价还价的能力、供应商讨价还价的能力、替代品的威胁。这五种力量的状况及其综合强度，决定着产业竞争的激烈程度及盈利水平，从而决定着企业在产业中的竞争优势和最终盈利能力。竞争激烈，意味着产业的总体盈利能力较低，导致许多企业纷纷退出该产业；相反，当竞争不激烈时，产业的总体盈利水平较高，这时会吸引大量的企业纷纷进入。当然，对于不同的企业来说，所面临的五种竞争力量的相对强弱情况会有所差异，因而其对于企业经营或盈利的相应影响也有所不同，每一个企业都应认真细致地评价这些力量，有重点地分析其对于企业经营的不同作用。"下面我们将对五种力量逐项进行分析。

一、潜在进入者的威胁

　　潜在进入者是指不在本产业但是有能力进入该产业的公司，是现有企业潜在的竞争对手。潜在进入者能给产业带来新的生产能力、新的资源，同时他们也希望在已被现有企业瓜分完的市场中占有一席之地。一般说来，企业进入一个产业是因为该产业中的某些企业正在赚取高额利润。但这并不说明只要存在高额利润任何企业都能进入，产业内的现有企业通常会试图阻止潜在竞争者进入本产业。因为竞争者越多，现有企业就越难保住市场份额、越难盈利。对于一个产业来讲，进入者威胁的大小取决于两个因素，即进入壁垒和对现有企业的报复的预期。

（一）进入壁垒

进入壁垒是指结构性的进入障碍，由产业结构特征所决定。它包括六个主要壁垒源：

1. 规模经济

规模经济是指当企业一定时期内生产的产品增加时，单位产品的制造成本降低的现象。规模经济的存在阻碍了潜在进入者的进入，它使新进入者处于两难的境地。对于新进入者如果进入规模较大，则需要大量的资金，新进入者将承担与大规模投资相对应的高风险，此外产品供应的增加会压低产品价格，因此引来现有企业的报复；如果规模较小，新进入者又会处于缺乏成本优势的地位。这两种情况都不是新进入者希望看到的。规模经济可以通过各种商业活动达到：

（1）大规模地制造标准化产品带来的成本的削减。

（2）大规模采购带来的折扣以降低成本。

（3）研究和开发费用均摊到大量产品单位上所产生的成本优势。

（4）广告和营销费用均摊到大量产品单位上所产生的成本优势。

2. 产品差异与客户忠诚

产品的差异化是现有企业因以往的广告、服务、产品特色、信誉和顾客忠诚度而获得的优势。随着时间的推移，顾客会渐渐相信一个企业的产品是独特的。差异化产品通常体现为特定的品牌。顾客往往对现有的品牌有一定的忠诚度。这样就形成进入壁垒。新进入者要占有一定的市场份额，就必须同现有企业竞争顾客。这样就迫使进入者花费大量的资金来争取忠诚于现有企业的顾客，然后建立自己的客户群。这往往是一个缓慢的、代价高昂的过程。在这段时间内，新进入者不得不承受缓慢的收入增长、较高的成本和较低的利润甚至是亏损，无形中给企业带来了特殊的风险，如果进入失败的话，就会血本无归。例如，在国内，一说到国产品牌电脑，人们首先想起的就是联想，因为联想在技术方面是国内最好的。高品质的产品为联想带来差异化，进而吸引了大量的忠实的顾客，因此给企业带来了持久的竞争优势，这种竞争优势有利于企业获得丰厚的利润。又如，海尔的产品因其完善的售后服务深受消费者的喜爱。

3. 资本需求

资本需求是指在新的产业中，竞争就意味着大量的资本投入。如果成功进入一个产业对资本的要求越高，潜在的进入者就越有限。生产所需的工厂和设备、原材料采购和产品的库存、营销等都需要大量的资本投入，特别是高风险和不可回收的前期广告、研究与开发等所需要的资本更多。除此之外，缺乏新产业中足够的人力资源、客户资源也会给新进入者带来困难。所以，即使新的产业很有吸引力，企业也可能无法获得足够的资本支撑各种活动。

4. 转换成本

转换成本是指顾客从现有企业的产品转向新企业产品所付出的时间、精力和金钱。如果转换成本太高，消费者往往就会被锁定在现有企业所提供的产品。新进入者为了使消费者接受这种转换，必须在成本或经营方式上有重大的改进，如提供相对较低的价格或是提供性能更好的产品。在一般情况下，各方之间的关系越稳固，转换成本就越高。例如，对于计算机使用者来说，从一种操作系统转向另一种操作系统通常会付出更多的金钱和时间成本。如果现在某人使用的是微软的Windows操作系统以及配套的应用软件（如Office办公软件），要转换为其他操作系统的成本就会很高。他不得不花较长的时间和精力来熟悉该操作系统，重新购买与该系统兼容的应用软件。在这种情况下，绝大多数人是不愿意进行转换的，除非有特殊需要或是新的操作系统有更出色的功能。

5. 分销渠道

分销渠道是指潜在进入者将进入一个新的产业，需要确保其产品的分销渠道。分销渠道的获得通常会成为潜在进入者的进入障碍。分销商往往不愿意经销消费者尚未接受的新产品。在原有企业已经把理想的分销渠道占有的基础上，新的公司要想获得有利的分销渠道，可以通过压低价格、协同分担广告费用等方法促使分销渠道接受其产品，而这些方法的使用必然会降低利润。以《经济观察报》为例，在进入市场时，他们找到《21世纪经济报道》的代理商，优惠条件是他们同时售卖《经济观察报》，快速进入《21世纪经济报道》的销售渠道。

6. 与规模无关的成本优势

与规模无关的成本优势是指现有企业可能拥有新进入者难以复制到的成本优势。新进入者可以通过一定的手段来克服现有企业的这些成本优势，但这样又会增加企业的成本，减少利润。这些优势大多与企业的规模没有直接的关系。下面列举几种常见的与规模无关的因素：

（1）专利和专有技术。在很多产业中，企业为了获得竞争优势，自主研发新技术，这些技术得到《专利法》保护，为企业带来了竞争优势。例如，微软由于开发Windows操作系统而获得专利，使其拥有了持续的竞争优势，基本上垄断了计算机操作系统市场，为其带来了丰厚的利润。缺乏关键的专利和技术往往会阻碍进入。新进入者无论是开发潜在技术还是模仿专利技术都将付出高昂的代价。

（2）原材料来源优势。原材料是制造企业生产的起点，因此原材料的来源在一定程度上影响了企业最后的获利能力。购买到优质、价格低廉的原材料可以有效建立企业的成本优势。但对于新进入者来说，现有企业已经占据了优质的原材料来源，而且也与供应商建立了良好的关系，要取得原材料来源优势并不是在短时间内就能完成的。

（3）有利的地理位置。地理位置的选择对企业来说是至关重要的。有利的地理位置可以大大降低企业的运输成本。排名世界500强第一位的零售业巨头沃尔玛在创建初期，选择在偏远的中小城镇开店，避开了大城市中激烈的竞争，同时又得到了廉价的土地和人工成本，可以说早期的选址策略在很大程度上为沃尔玛的成功奠定了基础。

（4）学习或经验曲线。所谓学习或经验曲线是指企业的单位生产成本随企业经验的增加而降低。现有企业在经营中积累的经验有利于形成成本优势，新进入者可能需要花费大量的时间和资金来克服不利的竞争地位。

（5）政府政策。政府往往对关系到国计民生的重要产业（如金融、航空、能源、交通、医药等）及对财政收入有重要贡献的产业实行严格的控制。另外一些公共事业，如广播等，政府也会限制进入。

（二）对现有企业的报复的预期

潜在进入者会对现有企业的竞争地位和盈利水平造成威胁，现有企业势必会采取必要的措施和手段来保持自己的优势地位。如果进入者认为现有企业会采取强有力的手段反击而使本企业陷入被动地位，那么进入可能会被扼制。一般说来，现有企业总是会对新进入者发出报复威胁以阻挠其进入，但这种威胁并不是总能实现的。只有当现有企业拥有足够的阻挠资本，这种威胁才有可能实现。

二、现有企业间的竞争

一般来说，同一产业内的企业都是相互制约的，一个企业的行为必然会引起产业内企业间的竞争。现有企业间的竞争往往是五种力量中最强大的竞争力量。为了赢得市场地位和顾客的青睐，他们通常会不惜代价，甚至拼得"你死我活"。现有企业间的竞争常常表现在价格、广告、产品介绍、售后服务等方面，其竞争强度取决于以下因素。一般说来，出现这些情况意味着产业中现有企业间的竞争加剧。

1. 现有竞争者

现有竞争者的数目众多，且规模相当并拥有大致相同的资源和能力，从一定意义上来讲，竞争者的数目越多，市场上就越容易出现创造性的战略行动，从而加剧竞争的激烈程度。尤其是当大多数企业在规模和生产能力上大致相同时，往往会为了争夺市场的领导者而展开"激战"。

2. 产业的增长缓慢

在产业快速增长时，市场上的业务量往往很大，企业只需要跟上产业发展的速度，发挥各自的优势，即使市场份额不变，自身也可以发展。这时，企业间的竞争相对就比较缓和。但如果该产业已经处于成熟阶段，市场需求增长缓慢，各企业为了争取有限的市场份额，就必然会产生激烈的竞争。从生命周期理论来看，在不同的阶段可能会遇到不同的情况。

3. 高固定成本或高存货成本

较高的固定成本迫使企业尽量利用其生产能力，以更大的产出来分摊成本。当市场上出现供大于求的情况，企业出现剩余产能时，企业不得不通过降低价格来减少存货，保证销售。这样容易使产业内形成激烈的价格大战，导致产业的整体利润下降。

4. 产品缺乏差异性或较低的转化成本

当消费者找到一个差异化的产品满足他的需要时，他会一直忠诚地购买此种产品。产业中如果各企业的产品成功地差异化，各自保持自己的特点和优势，保持各自的市场份额，则企业间的竞争就比较缓和。但如果产业中的产品差异化比较小或趋于标准化，则企业就会将重点放在产品价格和售后服务方面，这样形成的竞争将异常活跃。以家电行业为例，现阶段市场上出现的家用电器品牌众多，但各个品牌的产品在功能上并没有太大的区别，所以消费者在购买时往往会"货比三家"，导致了激烈的价格战。较低的转换成本产生的影响和产品差异化基本相同。消费者的转化成本越低，竞争对手就越容易通过提供特别的价格和服务来吸引顾客。高转化成本，至少能在一定程度上保护企业抵消竞争对手吸引顾客的努力。

5. 形形色色的竞争对手

在任何产业中，竞争对手都有各自的特点。他们的不同体现在战略、目标、文化等方面。他们对于竞争各有各的目标和战略，这些差别使得辨别产业中的竞争规则变得极为困难，加剧了竞争的激烈程度。

6. 高额的战略利益

如果在一个产业中，企业取得成功所获得的战略利益较高，那么企业就可能积极采取某种战略来抓住这个机会，抢占市场，获得高额利润。这时，产业中的其他企业就有可能加入竞争，从而加剧产业中的竞争强度。

三、购买者讨价还价的能力

为了降低购买成本，购买者通常会讨价还价。他们总是希望以低廉的价格购买高质量的产品或能提供更多优质的服务。购买者的这一议价能力必然会影响产业内现有企业的盈利能力。一般说来，满足以下条件的买方可能具有较强的议价能力：

1. 买方的数量较少，而每个买方的购买量较大，占供方销售量的很大一部分。

2. 买方所购买产品标准化程度高，可以同时向多个供应商购买。

3. 买方所购产品占买方成本的很大部分，在这种情况下，买方通常会为了获得较低价格而不惜耗费精力并且有选择地购买。

4. 买方所取得利润很低。当购买者的利润很低甚至是亏损时，他们对成本的控制会很敏感，常常要求供应商提供价格更低、质量更高、服务更全面的产品，以期从供方手中获取一部分利润。

5. 买方有能力实现后向一体化，而供方不可能前向一体化。这时，供方可能会以后向化相威胁来获得讨价还价的优势。

6. 买方掌握充分的信息。当买方充分了解了市场需求、实际市场价格，甚至是供方成本等方面的信息，就具备了议价的能力。

7. 买方转换成本低。如果买方转换其供货单位比较容易即转换成本低，其议价能力就大，反之则小。

大型零售公司是产业内买方议价能力比较强的机构。例如，全球500强企业排名第一的零售巨头沃尔玛对于供应商来说，具有很强的讨价还价能力。因为对于大多数供应商来说，沃尔玛是其最大的客户，其购买的产品数量占供应商产出的比例较大，所以供应商往往会以更低廉的价格和更优质的服务留住这样的大客户。因此，对于沃尔玛来说，它对供应商有很强的议价能力。

四、供应商讨价还价的能力

供应商是产业内企业生产经营所需投入品的提供者。狭义的供应商包括原材料、零部件商品等的供应企业，广义的供应商还包括资金、劳动力等商品的提供者。供应商和生产商之间的关系从根本上来讲就是一种买卖关系。买方总是想从供应商那里得到低价格、高质量、快捷方便的产品。供应商正好相反，供应商主要是通过提高产品价格、降低质量或服务来影响产业内的竞争企业。如果产业内的企业无法使价格跟上成本的增加，则它们的利润会因为供应商的行为而降低。供应商与买方议价能力的强弱是此消彼长的。满足以下条件的供应商可能具有较强的议价能力：

1. 供应商处于该产业的垄断地位，这类企业凭借自己的垄断地位向客户提供高价格、低质量的产品，从中获取高额的利润。

2.供应商产品具有高度的差异化。如果供应商的产品具有一定的特色,会使卖方很难找到其他供应商,或者转换成本较高。这时,买方对供应商的依赖性越大,从而供应商的讨价还价能力就越大。

3.供应商的产品给买方制造了很高的转换成本。

4.对于供应商来说,买方并不是该企业的主要顾客。当供应商在众多产业中销售其产品而某一产业在其销售中所占的比例不大的情况下,供应商往往具有较强的议价能力。

5.供应商能够方便地实行前向联合或一体化,而买方难以进行后向联合或一体化。

6.在现有情况下,供应商销售的产品缺乏有效的替代品,对于产业内的企业至关重要。个人计算机是企业依赖供应商的典型例子。例如,计算机芯片产业一直被英特尔公司所垄断,虽然出现了诸如AMD等竞争对手,但是实力相差很远,它们同样要生产与英特尔标准兼容的芯片。在这种情况下,英特尔具有较强的讨价还价能力,因此可以收取更高的价格。在我国,通信产业也存在同样的情况。对于手机用户来说只有移动、联通、电信三家运营商,可供选择的机会太少,使这三家运营商有很强的议价能力。

五、替代品的威胁

一般来讲,一个产业的所有公司都与生产替代产品的产业竞争。替代品是指那些来自不同产业的产品或服务,它们具有的功能大致与现有产品相同。替代品的进入必然会对现有企业的销售和收益造成威胁,如眼镜生产商与隐形眼镜生产商的竞争,报纸同电视媒体在提供新闻方面展开竞争。来自替代品的竞争压力其强度取决于三个方面的因素:

1.是否获得价格上具有吸引力的替代品。

2.购买者在质量、性能、服务等重要方面是否具有更高的满意度。

3. 购买者转换成本的高低。

价格上有吸引力的替代品往往会给企业带来很大的竞争压力，替代品会迫使现有企业为保持一定的销售额和留住现有顾客而降低产品价格。如果替代品的价格比现有产品的价格低，那么现有企业就会受到降价的压力，从而不得不降低成本来应对降低价格的压力。

当然，顾客在注重价格的同时，也会比较替代品与现有产品在彼此的质量、性能、服务等方面的优劣。替代品生产商往往会以比竞争对手低的价格、质量、性能和服务差不多甚至采用更好的产品与竞争对手争夺市场份额。

来自替代品的竞争强度的另一个决定因素是本产业中的顾客转向替代品的难度和成本。如果转换成本较高，那么替代品就必须提供某种特殊的性能或是更低成本来诱惑顾客脱离原有的供应商。如果转换成本较低，那么替代品厂商说服购买者转向他们的产品就要容易得多。总之，替代品的价格越低、质量和性能越好、购买者的转换成本越低，其产生的竞争压力就越大，反之越小。

一个有机的整体
——竞争战略的选择、实施、控制和评价

在迈克尔·波特看来，竞争战略的选择、实施、控制和评价应当被当做一个有机的整体来看待。假使企业从各种竞争战略中选定一种之后，就要通过企业组织以一定的模式加以实施。企业负责人在竞争战略的实施期间，必须要进行严格的控制和评价，并通过评价，发现问题和偏差并及时采取措施进行补救，从而保证战略顺利地实施，实现战略目标。

一、竞争战略的选择

筛选优化的战略方案。企业的发展存在着不同的战略态势。所谓战略态势，就是在目前的战略起点上，决定企业的各项经营单位在战略规划期内的资源分配、业务拓展的方向。总的说来，企业战略存在四种态势：进攻型战略、紧缩型战略、稳定型战略和混合型战略。

战略选择过程是选定某一特定战略方案的决策过程，亦即从以上四种战略态势中选取其中的一种作为企业的竞争战略。而拟定和评价可供选择的战略方案，是这个战略决策过程中必不可少的步骤。假若战略评价过程已经筛选出优化的战略态势，则决策就很简单。然而，在大多数情况下，战略评价结果提供给企业领导者的是若干种可行方案。在这种情况下，企业领导者就要进行多方面的权衡，考虑多种因素。因此，选择战略并非一个例行公事化的或轻而易举的决策。这种决策实际上是一种"伤脑筋"的活动过程。决策者通常游弋于有意识和无意识之中，思前想后，反复权衡。战略决策者经

常进行这种智力的活动过程。一般认为，在战略决策者选择某一特定战略的过程中，不可避免地会受到下列几种因素的影响：一是管理者对待风险的态度；二是企业对外界环境的依赖程度；三是企业中的权力关系；四是中层管理人员和职能人员的影响；五是企业过去的战略。以下将对这些因素逐一进行分析。

（一）企业领导如何对待风险

迈克尔·波特认为，企业领导对待风险的态度无疑会影响战略选择的决策。某些企业领导极力避免承担风险，而另一些管理者却乐于承担风险。不同的风险态度对于战略的选择是不一样的。

如果企业领导者认为风险对于成功是必不可少的，并乐于承担风险，则企业通常采用进攻性战略，接受或寄希望于高风险的项目，在他们被迫对环境变化做出反应之前就已经做出了反应。如果企业领导者认为风险是客观存在的，并敢于承担某些风险，那么管理者就会试图在高风险战略和低风险战略之间寻求某种程度的平衡，以分散一定的风险。在这种情况下，企业很可能把稳定型战略和进攻型战略并用。如果企业领导者认为冒较高的风险将毁灭整个企业，需要减低或回避风险，他们就会考虑风险很少的战略方案，可能会采取防御性或稳定的发展战略，乐于在稳定的产业环境中经营。

（二）外部环境对企业选择战略的影响

任何企业都不可能脱离外部环境而存在，都处于一定的外部环境之中，而环境的影响来自股东、竞争对手、顾客、政府和社会。企业的生存对这些因素的依赖程度，影响着战略选择的过程。

1. 企业对外部环境的依赖程度越高，企业选择战略的灵活性就越小。

2. 企业面对的市场的易变程度，影响着企业的战略选择。如果市场中的变化程度较大，则企业的战略应具有较大的灵活性。

（三）企业中的权力关系

（四）中层管理人员和职能人员对战略选择的影响

不仅是企业的高层领导，中层管理人员和职能人员对企业的战略选择影响也很大。

（五）企业过去战略对战略选择的影响

一般来说，企业过去的战略是战略选择过程的参照物，这就使列入选择的大多数战略方案受到企业过去战略的限制。

二、竞争战略的实施过程

（一）竞争战略的实施有赖于企业组织结构

战略必须通过各种组织活动才能得以实施，而组织活动的效率从根本上取决于内部分工的形式，即企业的组织形式。企业组织结构的能力在于分工和协调，它是保证战略实施的必要手段。通过组织结构，企业的目标和战略转化成一定的体系或制度，融合进企业的日常生产经营活动中，发挥指导和协调的作用，保证企业战略的实现。

（二）企业组织要适应竞争战略的需要

制定企业（组织）战略的目的是使企业在运营中实现它的战略目标。战略的一个重要特征就是适应性，即企业要运用已有的资源和可能占有的资源去适应企业外部环境和内部条件所发生的相互变化。从这种观点出发，要求企业在加强内部管理的同时，不断推出适应环境的有效组织结构。因此，适应过程的这种特殊性决定了适应不是一种简单的直线运动，而是循环上升的复杂的动态调整过程。在组织的适应过程中，一般要处理开创性问题、工程技术问题和行政管理问题。

（三）企业组织的战略类型

在解决开创性问题、工程技术问题和行政管理问题时，不同的企业组织常表现出不同的战略态势，构成不同的战略类型。迈克尔·波特将它们划分为防御型、开拓型、分析型和反应型。他认为前三种类型的行为都有与市场相适应的战略，有符合市场战略的技术、结构和过程的特殊形式，因此是有效的战略类型。第四种战略类型行为在战略、技术、结构与过程上都不适应，是一种失败的战略类型。

（四）竞争战略实施的模式

无论怎样好的竞争战略，如果不实施，也只能是一纸空文。而竞争战略的实施又要通过一定的方式。迈克尔·波特把竞争战略实施的方式归纳为指令型模式、变革型模式、增长型模式、合作型模式和文化型模式这样五种基本模式。

三、竞争战略的控制过程

（一）企业战略控制的含义

控制是指管理者按照计划标准衡量计划的完成情况和纠正计划执行中的偏差，以确保计划目标的实现，是企业管理的重要职能。战略控制是指企业战略管理者依据战略计划的目标和行动方案，对战略的实施情况进行全面的评价，发现偏差并纠正偏差的活动。因此，迈克尔·波特指出，战略控制不仅可以纠正偏差，而且还可以确立新的目标，产生新的计划，改变组织结构以及在指导和领导方法上进行重大转变。战略控制可能会产生战略的顺利进行，或是战略的结构性调整或新战略方案的采用这两种结果。这两种情况对于保证企业生存和发展具有重大作用。

（二）企业战略控制的作用

战略控制和评价职能在战略管理过程中的应用，其比较权威的定义是："在企业中，控制和评价就是核实所发生的每一件事是否符合所规定的计划、所发布的指令以及所确立的原则，其目的在于指出计划实施过程中的缺点和错误，以便加以纠正和防止重犯。控制和评价对每个人、每件事、每个行动都有作用。"在这个定义中，计划、指令、原则被作为核实的标准，明确指出控制和评价的目的是指出缺点和错误，以便加以纠正和防止重犯。战略管理的控制和评价过程是对企业战略的实施过程加以衡量和评价，从而确保战略实施过程顺利地实现企业的战略目标。而这种衡量和评价，是以组织制定战略计划所遵循的前提假设和战略计划本身来作为衡量、评价标准的。迈克尔·波特认为，企业战略控制的目的在于获取战略实施的进展情况和预测发展趋势，以及了解战略实施的结果与战略目标的偏差大小，企业领导层根据反馈的信息做出相应的决策，亦即企业领导层认为战略实施的结果与战略目标是相符合的或者两者间的偏差程度是可以接受的，则企业领导层可决定战略目标继续实施或认定战略目标已圆满实现。如果这种偏差对决策者来说不能接受，则需要对企业的内外部环境的变化进行系统分析，找出产生偏差的原因，进而采取积极措施。由此可见，战略控制和评价过程不仅有用，而且是必要的。

（三）战略控制的评价标准

标准源于组织目标，但并不等于目标。用于控制评价过程的衡量、评价的标准是根据制定战略计划的前提假设和战略计划本身来确定的。因此，在制定衡量、评价标准时，首先要弄清楚制定战略计划的前提假设，其中包括对组织文化、组织环境、市场变化趋势、竞争对手等的分析和估计。其次，要了解战略计划的进展状况和各个时期所要达到的目标。标准最好是定量的，因为定量标准比较容易制定也比较容易衡量。但是，由于工作环境、工作作风等因素的影响，实际上并非所有的评价标准都能够定量化。因此，评价标准除了定量化外，还有定性化。

（四）评价战略实施的成效

战略控制过程的第二步是运用制定的标准衡量企业战略实施的成效，掌握战略实施的状况、取得的成效、与预计目标的差距，估计战略实施的发展趋势，战略评价是战略控制的指南和前提。

（五）信息反馈

信息反馈是将通过衡量和评价所获得的信息，及时地传递给有关决策者。信息反馈便于决策者及时、准确地得到相关信息，从而对决策的实施进行及时的指导。许多企业过分频繁地制定评价标准并对工作成绩进行评价，但并未采取恰当的行动。迈克尔·波特指出，如果不为有关的管理人员提供反馈，不采取任何必要的纠正措施，则前面两步的工作可能会成为无用功。当然，假如工作成绩达到了标准要求，完全不需要采取纠偏措施。问题是如果标准没有被满足，管理人员就有必要找出产生偏差的原因并进行纠正。发生偏差的原因有很多，例如，目标不现实、战略的组织结构不匹配、人员不称职、企业内部缺乏信息沟通或环境压力等。在战略实施过程的评价阶段所测定的偏差，可以而且确实触动了改进战略制定工作的需要。因此，在评价阶段，信息的反馈是整个战略过程中一个绝对根本的要素。

（六）战略控制的类型

战略控制按照控制活动所处的战略过程的不同阶段可分为事前控制、过程控制和事后控制三种类型。

四、竞争战略的评价

战略评价系统是由战略评价方法、手段、人员、组织等共同组成的能够更好地完成战略评价功能的系统。

（一）有效战略评价系统的前提

迈克尔·波特认为，有效的战略评价体系应该符合以下条件：

1. 组织结构必须便于控制、评价和执行。

2. 企业的战略目标应是现实的、科学的。

3. 组织必须具备一个有效的信息管理系统或决策支持系统。

（二）有效评价的要求

迈克尔·波特认为，对战略的有效评价要符合以下要求：

1. 评价系统的设计要遵循经济性原则。

2. 评价要灵活、适度、及时、准确。

（三）战略控制的方法

对企业战略的评价需要通过一定的方法才能科学客观地反映出战略的实施情况，这就要求企业领导综合运用各种现代化的评价方法去进行这方面的工作。战略评价的方法很多，有目标管理法、财务控制法、人员控制法等。

在实践中，为了弥补以上评价方法的不足，还有许多行为控制的手段可以利用。比如，在人员选择录用时，就从价值观、能力和个性等方面按企业目标要求进行识别和严格考核。此外，明确工作目标和制定完善的规章制度等都是人员控制的好方法。

企业竞争战略目标和计划的制定

在迈克尔·波特看来，一个企业制定完善的战略目标和计划是非常有必要的，战略目标和计划就像企业发展的灯塔一样，可以为企业的发展指明方向，此外，还便于企业为完成战略任务而对各种经营资源进行综合利用，便于企业选派合适的人员到合适的岗位上，从而更好地完成战略任务。

一、战略目标为企业指明发展方向

企业仅有总体战略和职能战略是不够的，还必须有把企业的使命转化为具体方案，使其明确各种战略目标。战略目标是企业在一定时期，按照企业经营思想，考虑到企业内外条件的可能，在完成企业使命过程中所预期达到的成果。战略目标是企业战略重要的组成内容，它犹如大海中的航标，为企业的努力与发展指明方向。

二、制定战略目标的原则

迈克尔·波特认为，企业制定战略目标时要注意以下几个原则：

（一）使命性原则

在制定战略目标时，企业领导必须注意使战略目标满足实现企业使命的要求，即战略目标必须是企业使命的具体化。

（二）关键性原则

在制定战略目标时，企业领导要在全面研究分析的基础上，使战略目标突出关系企业成败兴衰、带动全局性的问题，引导职工抓住重点，以保证企业战略的实施。

（三）可行性原则

企业领导在制定战略目标时，要全面分析企业各种资源条件和通过主观努力后可以达到的程度，与战略目标需要的资源条件进行综合平衡，做到积极可靠、留有余地、切实可行。

（四）定量化原则

在制定战略目标时，企业领导要使战略目标具有可衡量性，以便检查和评价其实施程度，制定目标要把定性分析与定量分析结合起来，使战略目标尽可能数量化，保持可比性。

（五）协调原则

企业领导在制定战略目标时，必须使企业战略总体目标、中间目标和具体目标之间有紧密衔接协调，形成一个有机的目标体系。

（六）灵活性原则

企业领导在制定战略目标时，必须根据主客观条件的变化，改变不切时宜的战略目标，根据新形势的要求，及时调整或修正企业战略目标，使企业在新形势下得到更充分的发展。

（七）激励原则

企业领导在制定战略目标时，目标必须要明确、具体、形象，具有鼓舞动员群众的作用，能激发群众的积极性，使全体职工对目标的实现寄予极大希望，与职工利益密切联系，从而使职工愿意把自己的力量全部贡献出来。

三、制定企业的长期计划

建立战略、构建组织、制定目标、选派合适的人到恰当的岗位，都是为了完成一定的战略活动或战略任务。为了更好完成这项战略活动或战略任务，企业必须制定切实可行的计划。计划有长期和短期之分，我们先来讨论长期计划的制定，接着再来讨论短期计划。

（一）长期计划为企业行动提供方向

计划的难度随时间的延长而增加，当然，一些情况下这种延长是必要而有意义的。长期计划跨越的时间大约是5~10年。长期计划是企业战略目标的具体化。它是在战略目标提供的基本方向和标准的基础上进一步计划怎样行动和何时行动。这又会成为许多特定而详细的短期计划的目标。

（二）长期计划具有的优点

制定企业的长期计划是有许多好处的，迈克尔·波特认为，长期计划通常有三个优点。

1. 有利于迅速启动周期长的活动

2. 有利于管理者从心理上做好变更准备

在迈克尔·波特看来，许多长期方案不一定成熟，因此不需要，也不应立刻执行。这些方案如果拖后一年或更长时间，那时也许会发现原计划存在一些需要修改的地方。

此外，迈克尔·波特还指出，方案虽然修改了，但是方案的编制过程也会有助于对新状况进行调整。编制方案的结果是能够接受随环境的变化必须做出相应的改变的思想观念。一旦条件变化，管理者能够立刻采取行动。好消息或坏消息也许会突然出现，企业的反应也许和方案不同，但在头脑中酝酿（或修改）方案的习惯会强化识别机会、鉴别所需活动的范围和实施行动的意识。

现代经济社会的趋势是，技术和经济前进的步伐越来越快，产品的生命周期在缩短，竞争者进入获利高的领域的速度也在加快。这就使企业随环境变化而调整的能力对在现代竞争中取得并保持领先地位显得非常重要，从而要求企业领导对于变化做好心理准备。

3. 将受长期影响的行动结合起来

临时经验的积累往往会形成习惯性反应。通常为解决临时问题所采取的行动也会影响企业将来的经营。例如，一家公司为迅速占领某个地区的市场将独家分销权授予销售此类产品的一家代理商。这个代理商作为当地的销售代表经营得非常出色。一旦公司迅速扩展，需要更大的全国性的销售商作为其代理，但由于已经同该地区的那家经销商签订了长期的独家经销协议，再更换经销商就会遇到一些困难。

对关键职位管理者的选择、取得专利许可以及接受政府补贴等短期解决方案可能会给将来发展带来不利影响。如果企业拥有长期计划，高层管理者就能了解目前的决策是否同长期发展产生冲突。

迈克尔·波特指出，长期计划的优点并不能保证长期计划是"一张未来行动的蓝图"。因为几年内对条件的预测和控制很少能精确地与一个5年计划保持一致。不论怎样，长期计划确实能帮助我们决策行动是否应该在此时开始以及如何开始。

（三）制定长期计划应当考虑的问题

编制长期计划需要考虑的关键问题是长期计划的主题是什么、覆盖时间、将做哪些修改、由谁负责编制计划。

1. 长期计划的主题

人们容易对长期计划产生一种误解，把长期计划看成是财务总监办公室的一名年轻聪明的分析师做的财务估算。对经营而言，这种估算最多只是每年的盈亏预算，至多是5年后的大致预算。除非能够考虑到产品销量、面对的顾客群、竞争中可行的价格以及为获得订单所付出的必要努力等因素，否则预计的销售额将毫无意义。同样，预测产量也必须把生产能力、受训的工人、原材料的数量、工程技术情况等生产所要求的资源情况考虑进去，否则也是毫无用处的。

长期计划必须以物质条件做基础。但过于详细的计划将失去指导意义；管理者应找到主要因素并以此为基础编制计划。成功计划的关键在于把握主题，忽略关键因素的方案是失败的方案，因为太多因素会使它难以实施和控制。

长期计划也应反映出收入、成本、利润和资本等要求。这些数字是我们最常用的衡量标准，而且财务成果也是任何方案中重要的方面。首先以不变价格为基础，而后再根据通货膨胀做出调整。

2. 覆盖时间

长期计划的时间一般是5年，也有长达10年的。长期计划的时间越长，编制的难度也越大。编制长期计划应该以主要项目的"必要时间"为基础。例如，开发资源也许要在可利用资源前8年就开始进行，而开拓市场也许只用2年就足够了。这主要是由项目的性质决定的，有些项目只在行动开始时才制定详细方案，而有些项目要求准备未来3年或4年的执行方案，而不必进行更长远的安排。

3. 长期计划与现行经营的矛盾

即使管理者和工人赞同战略目标，他们的习惯、评价体系和奖励等因素往往使他们更重视目前工作。这就产生了长远与现实之间的矛盾。长期目标仅在允许延误的时间里才考虑。事实上，如果员工真将重点由目前工作转移到新方案上，他们也许会受到处罚。这也是产生冲突的一个原因。

在资源基本上没有什么变化时，编制长期计划应该对时间和其他资源做适当分配，相应地，考核指标之中也要包含指向长远绩效的指标，从而使员工能够兼顾好手头工作和长期发展的关系。

4. 对长期计划的修订

随着外部环境的变化以及新信息的获得，长期计划需要进行相应的修订。通常的做法是在编制详细的近期行动方案时做出年度总结，结尾处加上新的一年的计划，其作用是便于形成过渡时期的调整方案。

编制长期计划方案，计划方案在最终定案前要调整多次，目的是为长期计划提供弹性。一般来说，小企业中的长期计划不如大型企业中的那么正式，理由是管理者没有时间去编制详细的预算，而且主要历史数据通常也没有记录。不过小企业通过预测，其所得的益处和大企业是一样的，只要他们遵循编制长期计划的基本程序。

总之，长期计划是指导企业进行长期经营的重要战略依据，它能够使企业清楚自己的决策会产生什么样的结果。

四、制定企业的短期计划

企业在制定长期计划之后，有必要再制定较为详细的短期计划。短期的概念可以是几个月，也可以是一两年，我们把几个月到两年以内的计划称之为短期计划。每个企业及其职能部门都需要实施大量的短期项目。这些项目处理各种工作，大到促销活动的实施，小到办公室配置文字处理设备。一般情况下，这些项目不属于高层管理者的职务范围，因而将编制这类计划的职能分派给部门经理。只有当涉及几个部门合作或需要大量资金或要处理复杂的外部关系时，才需要高层管理者介入其中。怎样制定短期计划呢？

（一）制定短期计划的基本步骤

短期计划通常要经过六个基本步骤。

1. 把完成目标所需的工作分成几个部分

将一个项目进一步划分为更小的项目：计划、组织和控制，这便于计划者更好地把握该项目。从计划的角度看，由于在一段时间内能够将精力集中于某一部分而使计划更有成效。从组织角度看，由于任务非常明确，因此就可以清楚地进行组织和人员的安排，提高组织的效能。从控制角度看，由于管理者可以在项目进展过程中分阶段、分门别类地对每一部分工作进行检查并考察进展是否令人满意，因而不用等到最终结果形成之时，管理者就基本上知道工作的结果如何。

在划分方案时，一个大型方案可以划分为几个部分，而这种子部分还可以再进一步划分三到四级。

2. 理顺各部门之间的顺序和联系

一般来说，每个项目部门不是毫无关联的，而是互有联系的，上一步行动的工作量、性质和时间常常会影响到下一步工作，对工作细分的意义就是为了将这些关系很好地组织起来。任何必要的顺序都是很重要的。

3. 确定各部分工作的负责人

4. 确定每一步如何进行以及所需的资源

5. 估算每一步需要多少时间

6. 确定开始和结束的时间

（二）制定短期计划的评审方法

计划评审法是用于研究和控制复杂项目的一种有效方法。该方法是以数理统计学为基础，以网络分析为主要内容，以计算机为主要手段的新型计划管理方法。

1. 使用计划评审法制定短期计划的基本步骤

（1）确定项目及其主要活动（或任务）。

（2）将所有步骤和其必要的顺序制成视图，以便于清楚地说明整个网络工作情况。

（3）预测每一步完成所需要的时间，并将其标注在各个步骤上。

（4）顺序计算各步的最早开始时间（ES）和最早结束时间（EF），再逆序计算各步的最晚结束时间（LF）和最晚开始时间（LS），对比每一步的ES和LS（或EF和LF），两者的差数就是允许延误的时间。

（5）允许延误时间为0的步骤所组成的路线即为关键路径，关键路径的完成时间是完成计划活动所需的最长时间，而其中的各步必须按计划时间完成才不至于影响整个活动（或任务）的进度。

（6）那些允许延误时间不为0的步骤不属于关键性的活动，在允许延误时间内延误不会影响整个活动（或任务）。

（7）根据网络图进行时间安排、监测和控制等活动。

企业管理者在工作进展中需要不断重复关键路径计算，原因是一些步骤可能比计划提前完成，而另一些则可能滞后。这些新数据当然会改变允许延误时间的数据，也许还会产生新的关键路径。

2. 计划评审法对制定短期计划的作用

（1）计划评审法能够使管理者把精力集中在关键活动之上，密切注意活动的进展情况，便于及时纠正活动中出现的问题，同时也能从缓冲时间的数据，知道规定任务中何处的压力比较大。管理者还能够通过计划评审法与成本的关键处监测项目的进度，先做出每一项活动的资源消耗（费用）预算，再结合各项活动计划所需时间计算出每项活动计划单位时间所需资源数量（费用），在活动进行中，能够通过检查已消耗资源数与已耗时间的比例确定活动是否与计划相符。

（2）计划评审法能够帮助企业管理者对整个项目所需资源进行合理调整。

（3）企业管理者能够通过研究减少关键路径中一些步骤的时间，使任务在规定时间内提前完成。

差异化战略在"三种通用战略"中的地位和作用

差异化战略是指企业使自己的产品或服务区别于其他企业，在全行业范围内树立起独具特色的经营方式，从而在竞争中处于有利地位。实行这一战略的关键，必须了解顾客心中最有价值的东西是什么，在此基础上，企业对自己的产品或服务进行改进，使之既能满足顾客的需求，与竞争者相比，又别具特色。

一、实行产品差异化战略的途径

实际上，在行业价值链中的每一项活动之中都存在着创造差异化的可能性，其中最常见的有：

（1）最终会影响公司终端产品的质量或性能的采购活动。

（2）以如下各项内容为目标的产品研究与开发活动：改善产品设计和性能特色，增加产品种类，扩大产品的最终用途和应用范围，缩短新产品的开发周期，增加用户安全设施，加强环境保护，提高产品的回收能力等。

实行产品差异化战略可以从以下几个方面考虑：

一是产品质量差异化；二是产品可靠性差异化；三是产品销售差异化；四是产品创新差异化；五是产品品牌差异化。实现差异化战略可以有许多方式：设计或品牌形象、技术特点、外观特点、客户服务、经营网络及其他方面的独特性。

应当指出的是，差异化战略并不表示公司可以忽略成本，但此时成本不是公司最先考虑的问题。

（3）能够达到下列目的的生产制造活动：减少产品缺陷，避免产品成熟前就走向失败；延长产品寿命；改善使用的经济性，改善产品的外观，增加最终用户的方便。

（4）可以达到下列目的的生产研究、开发和技术相关的活动：使公司能够以有效的成本进行用户订单式制造，使生产方式在环境方面更有安全性，能够提高产品质量和可靠性并改善产品外观。

（5）能够达到下列目的的产品服务和分销活动：使交货更加迅速，提高订单完成的准确性，防止在仓库中和货架上的产品脱销现象。

（6）能够达到下列目的的市场行销、销售和顾客服务活动：加快维护及修理服务，向顾客提供优良的技术支持，增加和改善产品的信息，增加和改善为终端用户所提供的培训材料。改善信用条件，加快订单处理过程，增加销售访问次数，给予顾客更多的方便。

公司的管理者必须能够充分理解创造价值的各种差异化途径以及能够推动独特性的各项管理活动，以便制定优秀的差异化战略和评价各种不同的差异化方式。

二、产品差异化战略的优势分析

迈克尔·波特指出，企业实行产品差异化战略具有以下几方面的优点：

（一）形成进入壁垒

顾客对产品或服务具有的忠诚程度缘于产品或服务的特色，这一点使该产品和服务形成强有力的进入壁垒。潜在的进入者要与该企业竞争，就必须克服这种产品的独特性。

（二）减少顾客敏感度

由于差别化，顾客对该产品或服务具有某种程度的忠实性，当这种产品的价格发生变化时，顾客对价格的关心不是那么敏感。生产该产品的企业便可以运用产品差异化的战略，在行业的竞争中形成一个隔离带，以避免竞争者侵入。

（三）增强议价的能力

产品差异化战略可以为企业带来较高的边际收益，降低企业的总成本，提高企业对供应者的议价能力。另外，由于购买者别无其他选择，对价格的敏感度又不太高，运用这一战略，企业可以削弱购买者的议价能力，增加企业的利润。

（四）防止替代品的威胁

企业的产品或服务别具一格，能够获取顾客的信任，企业在与替代品的较量中比同类企业处于更有利的地位。

三、差异化战略的风险

迈克尔·波特指出，企业实行差异化战略，在具有许多优点的同时，要承担如下的风险：

（1）企业形成产品差异化的成本过高，产品的价格使大多数购买者难以承受，这会影响到企业盈利。假如竞争对手的产品价格降到很低程度，企业即使控制其成本水平，购买者也会不再愿意为具有差异化的产品支付比同类产品高得多的价格。在这种情况下，一个公司可能获得了差异化优势，但这种产品差异通常只能在某一价格差范围内保持其优势地位。因而，如果某个实行产品差异的企业由于技术变化的原因或仅仅因为不在意而使成本升得太高，则低成本的企业就可利用其大规模生产对企业形成优势。

（2）顾客对差异化的需要程度下降。当顾客变得更加精明时，就可能出现这种情况。

（3）模仿使已建立的差异缩小。随着产业的成熟，竞争对手往往就会模仿企业的这种差异，使企业的优势逐步变小。

03

把核心竞争力推向
极致的管理学大师

——加里·哈默尔

世界一流的战略大师

——加里·哈默尔

　　加里·哈默尔被誉为管理学界的世界一流战略大师，他出生于1954年，他不仅是Strategos公司的创办人，而且还亲自担任董事长一职，也是前伦敦商学院战略及国际管理学教授。他是战略研究的最前沿大师，被《经济学人》誉为"世界一流的战略大师"；《财富》杂志称他为"当今商界战略管理的领路人"；在2001年美国《商业周刊》"全球管理大师"的评选中，他位列第四，可谓声名显赫。战略意图、核心竞争力、战略构筑、行业前瞻，这一系列影响深远的革命性概念，都是由他提出的，从而改变了许多知名企业的战略重心和战略内容。

　　哈默尔在密歇根大学学习并在那里获得了博士学位，在攻读博士期间，他主修的是国际商业专业，在此后的一段时间里，他结识了人生的一个良师益友——普拉哈拉德。不久哈默尔作别留在安娜堡的普拉哈拉德，远赴大西洋彼岸的伦敦商学院讲授了一年的MBA课程。哈默尔热爱教学，但他很担心自己在商界成为一个只会放马后炮的人，他渴望投身到实实在在的商业世界中去。他的心里涌动着传播福音般的冲动，他要去帮助企业，从而帮助所有的人。于是他离开了学术界，在1993年成立了Strategos公司。

　　哈默尔令人津津乐道的管理思想最集中地方在于他在商业方面的突出贡献，他取得如此高的成就与他人生中的一个良师益友也是紧密关联的，此人正是普拉哈拉德，他们在《哈佛商业评论》上合写了多篇论文，数次夺得"麦肯锡奖"。1990年，《公司的核心竞争力》（The Core Competence of the Corporation）一文发表，文中首次提出了"核心竞争力"的概念，标志着企业核心竞争力理论的正式提出，该理论较目前其他企业理论更好地解释了成功企业竞争优势长期存在的原因。"核心竞争力"的概念被引入中国后，中国人按照自己的理解对它做出了各种各样的解释，成为近年来企业理论研究的热点，并且为企业多元化经营提供可行的方案。《公司的核心竞争力》是《哈佛商业评论》历史上被要求重印次数最多的论文之一。哈默尔的其他著作有《为未来而竞争》（Competing for the Future 1995年，与普拉哈拉德合著）和《领导革命》（Leading the Revolution，2002年）。

"新观念"是哈默尔在其重要论著《为未来而竞争》中的一个经典论述，在此书中，哈默尔说到，创新不仅是指开发新产品和采用新技术，而主要是指产生"新观念"。他认为观念创新在经营管理中更重要、更有效，它要优先于开发新产品和采用新技术。他的竞争性创新理论引起了广泛关注。而他在《领导革命》一书中论述了一家公司应该如何在风云变幻的商界，通过不断创新来增强自身的竞争力。哈默尔的主要战略思想在于积极建立并发挥企业的核心竞争力。中国企业尤其要重视这方面的学习，中国的企业面临巨大的竞争压力，从更深的层次上说，这实际上是一种核心竞争力的竞争，如何定位企业的核心竞争力，是企业创造竞争优势的前提；在合理定位核心竞争力之后，则是如何发挥这种核心竞争力，在实践中充分发挥竞争优势。这需要一种大的战略眼光，哈默尔的战略思想无疑很有指导意义。在具体的战略选择上，人们多关注技术上的创新，哈默尔则认为，概念上的创新要优先于技术上的创新，概念创新可能更有效。这就提供了一个全新的思路。为了很好地阐释自己的理论观点，哈默尔喜欢和善于引用例子来论证他要说明的问题。

哈默尔的管理思想是体现在方方面面的，但其核心概念我们可以归纳为以下几个方面，他侧重于战略意图以及行业的预测，此外他还极其认同核心竞争力这一概念。很多公司故步自封，采用的科学技术和工作方法都已落后于时代，这些公司的强项是指挥与控制，但扼杀了创新思想。通过不断的或许注定要失败的机构精简流程以及到处削减开支，他们也在不断地追求发展与竞争力，他们也许正陷于和对手竞争的困境之中，在哈默尔看来，为了公司的未来，也为了公司的战略意图，忘掉过去是十分必要的。

在哈默尔看来，战略意图是一个远远比战略自身的出发点更为高远的东西，很多时候，战略意图看起来很荒诞，但并不是一定就做不到的，他的例子是肯尼迪立志在20世纪60年代末把美国宇航员送上月球，这是个大胆的意向，很多人都认为荒谬至极，决无实现的可能，但肯尼迪的顾问们胸有成竹，虽然障碍重重，但这个意向成为了一个目标，一个使人一心一意为之奋斗的目标。

什么计划是可行的，什么计划是注定要失败的，这是一个企业需要慎重考量的东西，企业所凭借的是它的核心竞争力，哈默尔以巴诺连锁书店为例，为我们提供了一个典范，当杰夫·贝佐斯的亚马逊网上书店横空出世，以低廉的价格和别具一格的购买经历招揽顾客时，巴诺的丧钟似乎已经被敲响，虽然亚马逊并不顾忌对手的钢筋水泥房子和雇员，但巴诺意识到自己的书店并不是负担，相反他们还是一种核心竞争力，他们可以为顾客提供休息和放松的场所，提供小咖啡馆，还为孩子们提供游乐场所，巴诺形成了自己崭新的、也是别具一格的购买经历。

哈默尔将开创新的精神带进了众多的世界顶级企业，帮助他们开拓思维，创造新的规则、事业及产业，从而引导企业的未来进程。

《公司的核心竞争力》
中关于核心竞争力的论述
——企业核心竞争力理论的正式提出

核心竞争力（Core Competence）这一概念是1990年，普拉哈拉德和哈默尔在《哈佛商业评论》上发表的《公司的核心竞争力》一文中提出的，他们指出，所谓的核心竞争力，是"组织中的积累性学识，特别是关于如何协调不同生产技能和有机结合多种技术流的学识。"核心能力是一组技能和技术的集合体，而不是某一单个的技术和技能，通俗地说，企业核心竞争力是企业长期形成的，含于企业内质中的、企业独具的、支撑企业过去、现在和未来竞争优势，并使企业在竞争环境中能够长时间取得主动的关键的能力。公司核心竞争力理论是当今管理学、经济学交叉融合的理论成果之一，日益受到企业管理理论界与实践界的关注。在日益严峻的竞争环境下，企业欲获得竞争优势，必须从企业与环境特点出发，培育自己的核心竞争力。

一、公司核心竞争力的研究背景

1. 对波特产业结构分析理论不完整的补充

波特的产业结构分析理论是一个不完整的理论，说的也比较片面，比如波特只是提供了对企业进行全方位剖析的轮廓，阐述了企业的利润率是由企业的产业吸引力所决定的，但越来越多的事实表明，同一产业内企业间的利润差距并不比产业间的利润差距小，在没有吸引力的产业中可以发现利润水平很高的企业，在吸引力很高的产业中，也有经营状况不佳的企业。这些都是波特战略理论不能很好解释的现象。另外，波特的战略理论还往往诱导企业进入一些利润很高，但缺乏经验或与自身优势毫不相关的产业，进行无关联的多元化经营，这方面不少失败的案例也对该理论提出了疑问。为了弥补上述缺陷，波特后来又提出了以企业内部价值链分析为核心的战略分析模式，但是由于其几乎涉及企业内部所有方面，反而使主要问题得不到反映，不能很好地把握战略重点，因而其局限性仍然非常突出。

2.企业重组和再造的挫折

在20世纪80年代，日本企业的竞争力在很多产业上都超过了美国企业，取代了美国企业的领先地位。为了赶上日本企业，美国的很多大企业纷纷进行重组和流程再造以谋求提高竞争力。重组虽然有时势在必行，能够使企业"变小"以改善短期绩效，但这只是在纠正过去的错误，而不是创立未来的市场。一些精明的企业，在认识到重组企业是条死胡同后，转而进行再造工程。再造尽管能够使企业"变好"，但并无与众不同，只不过是个优秀的模仿者而已。因而如何重建企业的竞争战略，使企业不仅在现有产业内领先，而且能够在未来产业继续领先，保持企业的持续竞争优势就成为一个急待解决的问题。

核心能力理论就是基于上述背景而提出的，一经提出，就受到理论界和企业界的广泛关注，并成为研究的热点。

二、公司核心竞争力的主要特征

关于核心能力的定义纷繁众多，但是通过总结归纳我们发现，有一个最起码的共通点，就是他们无一例外的都认为核心能力是企业获取竞争优势的源泉，是在企业资源积累的发展过程中建立起来的企业特有的能力，是企业的最重要的战略资产。归结起来，核心能力具有以下特性：

1.有价值性

我们都清楚地知道，对终端商品用户价值的提高起到决定作用的因素是核心能力，此外，核心能力也是用户价值的来源。反映客户长期最看重的价值，要对客户的核心利益有关键性的贡献。区分核心能力和非核心能力的标准之一就是它带给用户的价值是核心的还是非核心的。正是基于这种区别，我们可以把本田公司在发动机方面的技能称为核心能力，而把其处理同经销商关系的能力看作是次要能力。核心能力必须对用户所看重的价值起重要作用，但这并非意味着用户能够看到或很容易就理解到这种核心能力。

2. 独特性

核心能力是一个企业经过数十年的发展慢慢积累起来的，它是属于一个企业所独有的东西，我们可以说是该企业所"独一无二"的。由于核心能力是企业特定发展过程的产物，具有路径依赖性和不可还原性，因而原因模糊，其他企业很难模仿和替代。同竞争对手的产品和服务相比，具有"独特的"风格和效用，而不是在产业范围内普遍存在的。它必须是公司层次的、持续优异于其他竞争对手的。例如，本田汽车公司的汽车发动机，明显地优异于其他汽车公司的同类产品，其独特性的形成是经过几十年的积累和努力，不是在短短的1~2年或几年中所能形成的。在某些情况下，企业人员发现某种能力极其重要，在行业中尚未引起重视和发展，则可以把它定义为"潜在"的核心能力，予以规划和开发。

3. 延伸性

一个企业想要产出新的产品，拓展崭新的领域，都要靠该企业的核心能力去完成这一使命。核心能力是通向未来市场的大道。有的能力在某一业务部门看来可能是算得上核心能力，经得起用户价值和特殊竞争力的考验，但是，如果无法想象能从该项能力衍生出一系列新产品或服务，那么从公司的角度来看，该能力就够不上核心能力。例如，本田公司的发动机上的独特能力，使它能进入各种不同的产品——市场。

4. 综合性

但有一点我们一定要看到，就是企业的核心能力是一个综合体，说得明白点，它是几种综合能力的集合，而且会随着周围各种因素的变化而随之改变。从知识角度来看，它不是单一学科知识的积累，而是多学科知识在长期交叉作用中所累积而成。正是这一特性决定了核心能力是一种综合性的能力。核心能力是企业内部不同能力的集成，很少有企业的单一能力，能够成为该企业的核心竞争力，它是企业跨部门人员不断学习、获得知识、共享知识与运用知识而形成的整合知识和技能。因此，要仿制经过整合的核心竞争力要比模仿单项能力困难得多，因为核心竞争力的整合机制与相关环境条件是难以模仿与复制的，从而，核心竞争力是无法购买和交易的。

稀少罕见、飘忽不定、难以捉摸是对核心竞争力这一概念特征的综合评定，对于核心竞争力的重视和研究，实际上是将企业竞争优势的生成问题转化为获取和保持企业竞争优势的问题，进而赋予企业可持续发展的基础。

三、核心竞争力的管理

1. 核心竞争力的识别

怎么才能行之有效的去规划、运行企业的这种极其重要的核心能力呢？这就需要企业的管理层是明智的、清醒的，最起码一点，作为管理层，你必须要对你所在企业的核心能力有一个全面、透彻地把握。首先要明确，企业是否存在核心竞争力，进而决定下一步努力的方向。根据前述的核心竞争力的特征，从识别标准上看，核心竞争力至少要满足三方面的测试：（1）它是否是竞争差异化的有效来源？它是否使企业具有独特的竞争优势而难于为竞争对手模仿？（2）是否存在顾客可感知的价值？核心竞争力应能够使顾客感受到末端产品的卖点。（3）它是否实现了规模经济？表现在是否覆盖了多少部门或产品？是否提供了潜在的进入市场的多种方法？

2. 核心竞争力的建立

核心能力在企业的发展壮大中扮演着极其重要的角色，但事物的发展都是相辅相成的，在构建核心能力这个大过程中，企业需要做很多功课，诸如在日常的运行中需要知识的积累和综合。为了有效进行这种综合工作，必须有多学科知识和技能的交流和联系，因而建立和发展联系与沟通的网络，是提高综合能力的重要条件。其次，需要有掌握多学科知识的"通才"。这种人才在提高综合能力方面，比"专才"更加重要。再者，建立核心能力同样需要讲求效率与效益。虽说建立核心能力是一项长期的经年累月的工作，但如何更迅速、更经济地把核心能力建立起来，是建立核心能力工作的一个重要原则。最后，建立核心能力，需要有长期的战略伙伴。当今，技术与人力资源的全球市场已经建立，为更好利用外部资源建立自身的核心能力创造了良好的外部条件。在运用"外力"方面，建立密切的长期战略伙伴，是当今世界各大跨国公司普遍采用的战略措施。

3. 核心竞争力的保护

还有一个需要慎之又慎的问题，那就是企业如何很好地去保护它已经建构起来的核心能力，因为一旦企业的核心能力丧失，其后果将是令人沮丧的。企业最高管理层必须坚持不懈地防止公司核心能力被消蚀和散失。造成核心能力领先地位丢失的原因是多种多样的，主要的有：高层管理对保护企业核心能力认识不足，掉以轻心；由于注入资金不足而使核心能力枯竭；由于部门细分时把核心能力分散，以致无人负责对核心能力的统一照顾和管理；在同战略伙伴合作过程中，不经心地将自己的核心能力交给了对方；或是在分出部分机构时，不经心地把核心能力也划给了（或卖给了）对方。

俗话说，打江山容易，守江山难。企业想要很好地保护它的核心能力，就需要有一个很清醒的认识，公司必须学会区别不良经营业务和蕴藏在这个业务部门中的潜在的核心能力。正确评价核心科技人才的业绩，并能根据他们的业绩给予应有的报酬和精神激励，也是保护和培植核心能力的重要措施。

竞争环境是非常严酷的，想要在其中拥有一席之地，就需要全面审视自己企业的综合环境，培育属于自己的核心竞争力。通过核心能力的开发和利用，有助于企业实施有效的竞争战略——不断地发展新业务，开创新的企业独享的市场空间，积极地回避竞争，使企业永远立于不败之地。

四、核心竞争力理论的研究意义

1. 它第一次提出核心能力是企业保持长期竞争力的源泉

在今天，随着信息技术的迅猛发展和经济全球化的趋势，竞争日益激烈，产品生命周期日渐缩短。企业的竞争成功不再被看作是转瞬即逝的产品开发或战略经营的结果，而被看作是企业深层次的物质——一种以企业能力形式存在的、能促使企业生产大批量消费者难以想象的、新产品的智力资本的结果。在企业取得和维持竞争优势这一过程中，企业内部核心能力的培养和运用是最关键因素，而经营战略不过是企业充分发挥核心能力并把其运用到新的开发领域的活动和行为。因而核心能力对于企业的长远发展具有超乎寻常的战略意义。

2. 围绕企业的核心能力来进行多元化战略建构

曾经在很长一个时期，众多企业为了发展壮大，通过各种方式寻求经营战略的多样化，但是最终的效果却是非常不理想的。20世纪80年代以来，企业界又兴起"回归主业"的潮流，众多大企业纷纷把与主业不相关的业务剥离出去，而只在自己擅长的领域寻求发展。这一切迫使人们去思考企业经营的边界在那里？以及如何决定企业多元化经营的范围？运用核心能力理论则可以对上述问题给出一个较为圆满的解释。

3. 核心能力的竞争是企业之间相互竞争的主要表现形式

企业之间核心能力竞争的激烈程度是超乎想象的，这种竞争超出了企业具体的产品形式，将竞争扩大到各个领域，所以核心能力的寿命比任何产品和服务都长，关注核心能力比局限于具体产品和业务单元的发展战略，能更准确地反映企业长远发展的客观需要，能使企业避免目光短浅所导致的战略短视。同时，企业核心能力的建设，更多的是依靠经验和知识的积累，而不是某项重大发明导致的重大跃进。

五、结论

普拉哈拉德和哈默尔曾经说过这样的一段话："多元化企业好比一棵大树，树干和树枝是核心产品，较小的树枝是经营单位，而树叶、花、果实则是最终产品。提供抚育、营养和稳定性的根系就是核心竞争力。如果你只通过看最终产品来评价竞争对手的实力，你就会看走眼，好比你只看树叶来判断树的强壮程度一样。"这个比喻形象地说明了企业核心竞争力与多元化经营之间的关系。不管企业是通过自主开发或联合开发的方式获得的关键技术和技能，还是通过技术、人才、结盟伙伴和知识产权市场，争取获取那些可形成总的核心竞争能力的单项技能或技术，抑或是将可能形成核心竞争能力的各种技术、技能和专长整合成核心能力，核心能力都在其中扮演了重要的角色。

《竞争大未来》中
关于核心竞争力的论述
——创新主要是指产生"新观念"

　　1994年加里·哈默尔和普拉哈拉德合著的《竞争大未来》被誉为历史上最成功的商业书籍，这本书也是哈佛商学院出版社最成功的出版物。这两位美国著名学者合著的《竞争大未来》是关于企业发展战略的一本专著，他们对世界一些著名公司，特别是美国、日本的一些大公司的盛衰进行了个案分析，提出了许多创新的观点，发人深省。我们目前正站在一场革命的边缘。这场革命在深刻程度上丝毫不亚于诞生现代工业的产业革命。它将是环境革命、基因革命、材料革命、数字革命，而最主要的则是信息革命。原有的行业——正在发生深刻的变革，如带有导航与防撞系统的汽车、电子书籍、遥控机器人做外科手术，用基因置换法防治疾病等。全新产业的崛起将令我们极为震惊，如微型机器人技术、机器人翻译技术、可供瞬间获取世界上所有知识与娱乐的通往家庭的数字高速公路、可减少交通拥挤的城市地下自动传输系统、无需人们来回坐飞机折腾的虚拟电视会议技术等。这一切将改变现有的产品结构、服务业结构和产业结构，将从根本上改变我们的生活与工作方式。在所有这些革新和革命的过程中，存在着大量的机会，而且所有这些机会都是全球性的。没有哪个国家或地区拥有一切必要的技术、资金和销售渠道，能独自把这些机会变成现实。

　　加里·哈默尔指出，要使自己的公司兴旺发达，立于21世纪世界大公司之林，甚至成为本行业的龙头公司，公司主管就必须：一、要更新观念，要用新思维对待新事物和过去的传统，要摆脱既有市场观念的束缚，摆脱现有产品概念的束缚。二、要善于忘记过去，要分清哪些经验是开创未来的法宝，哪些经验又是前进的包袱？三、要有远见，就是在未来尚未到来之前就看到未来。根据世界经济和国际形势的发展，不仅要看到今后5年的情景，而且要看到10年、15年后的情景。四、要有一个战略发展框架，在体制上、运作上、业务的多样性上都要比对手强。五、要有战略抱负，要不甘当追随者，有志成为领先者，奋力拼搏，以弱胜强。六、要善用资源，即要统一使用资源、集中使用资源、注意积累资源、善于借用他人资源、善于保存资源，借此以有限的资源战胜资源雄厚的大公司。七、要主动出击，先发制人，抢在竞争对手之前建立在全球顾客心目中的"印象占有率"、强大的行销能力，以及迅速推出新产品或服务的能力。八、要积极实验，进行探索性销售，方能稳操胜券。九、要培养自己的核心专长，专长是迈向未来之门的钥匙，是克敌制胜的"撒手锏"，要在专长方面比对手多、比对手强。十、要重视智力资源，尊重人，发挥广大员工的积极性，推动企业迈向未来的燃料不是金钱，而是每个雇员的情感和智力。

在书中，加里·哈默尔指出："企业必须打破旧有的思想框架，以积极开放的胸怀去思考、接受不同的组织架构，把握未来趋势、建立战略架构、组织核心能力，从而在创新中掌握竞争优势。"这本书是以向企业的高层管理者提供建议为导向的，它直接面向寻找战略更新的源泉。这些源泉是通过把核心竞争力连向新机遇的"入口"而被发现的。战略担负的角色就是"延伸"企业所拥有的资源。战略除了在企业的现有能力和理想之间制造裂痕外，不能使企业适应它的环境。管理者通过创造这种动力，不断激发企业去实现自己的理想。

在中国成功加入世贸组织以后，中国企业开始面临非常严酷的竞争环境，我们从更专业、更深入的角度来看待这个问题的话，这实际上是一种核心竞争力的竞争，如何定位企业的核心竞争力，是企业创造竞争优势的前提；在合理定位核心竞争力之后，则是如何发挥这种核心竞争力，在实践中充分发挥竞争优势。这需要一种大的战略眼光，加里·哈默尔的战略思想无疑很有指导意义：在具体的战略选择上，人们多关注技术上的创新，加里·哈默尔则认为，概念上的创新要优先于技术上的创新，概念创新可能更有效果，这就提供了一种全新的思路。

在加里·哈默尔选择不同国家的公司进行研究时，他对用传统的惯例来解释他们之间的业绩差距不感兴趣，他们只是把大公司作为分析的单元。在他的分析中，美国的力量在使小企业在很短的时间内成长为工业巨人的过程中扮演了微不足道的角色。他在研究中指出欧洲公司是全球化的典范，而日本公司则集中体现了大公司更新他们创新潜力的能力。而且，哈默尔不承认制度的力量在美国式的体系中能够使类似摩托罗拉这样的小公司，通过剥离和引进，来抛弃落后的技术，成长为大公司。

加里·哈默尔把所有的公司分为三类：第一类可称为"真正的制造商"，如英国航空公司和施乐公司，他认为他们就像"特权阶级"，管理良好，具有持续优良的经营业绩；第二类是获取者，相当于"只耕种土地而不需要土地的农民"，这类公司一般占有约15%的市场份额，如柯达公司在复印机方面的业务或埃维斯公司。埃维斯公司的口号"我们更努力"正是奉行的这种"农民主义"。第三类是创新者，即行业中的革新者。哈默尔相信这些是创造新财富的公司——如Starbucks公司在咖啡方面的业务。

他认为企业创造财富的战略有四个先决条件。第一，该公司需要有"新的激情"。组织内的成员必须深切关注未来。战略需不断发现激情。第二，财富的创造需要有"新的声音"。哈默尔发现许多公司都缺乏一种原创的多样性。员工们对企业的发展方向漠不关心，甚至企业内的中层管理人员也没有机会参加有关战略的讨论。他认为这会使企业缺乏创造力和发展的激情。第三，哈默尔提倡"新的交流方式"。他提倡应鼓励更多的员工参与到战略创新的过程中去，而不是传统的集中于最高层小圈子式的讨论。最后一点是对"新观点"的需求——哈默尔说："你不能使人们变得更加聪明，但你可以给他们提供看问题的新视角，只有非线性战略才能创造新财富。"

此外，《竞争大未来》这本书还介绍了当前世界上各种先进的公司管理理论，以大家熟悉的一些大公司，如IBM、索尼公司、惠普公司、摩托罗拉公司、飞利浦公司等为案例，对一些传统观念，如产品、市场、顾客、用户、竞争、优势、资源、专长、印象占有率、市场份额、企业联盟等都有崭新的解释，理论深入浅出，让人受益匪浅。

《引导革命》中
关于核心竞争力的论述
——积极建立并发挥企业的核心竞争力

　　任何成就卓越的管理学家都是在他所从事的领域取得了相当不斐的成就，我们一起来看看哈默尔的个人履历，他是伦敦商学院战略与国际管理学客座教授，被《经济学家》誉为"世界一流的战略大师"，1993年他撰写的《竞争未来》最具影响力，被《商业周刊》评为"年度最佳管理书籍"，其研究领域专注在组织的战略意图、核心能力、公司创新及想象力、战略扩展等方面，学术思想大胆、突破且近乎偏激。读加里·哈默尔的著作，常常会使人受益匪浅，犀利的洞察力和睿智的思想会令人身心一震，笔者想用一个比喻来形容这一感觉——如南欧及拉美出品的深度烘焙、半苦半甜且带着焦味的咖啡之功效。加里·哈默尔是世界知名的管理学者，也是"核心竞争力"学说的首倡者，他与人合著的《竞争未来》一书确立了20世纪90年代的管理议程。接着他又完成了《引导革命》这本书，该书是21世纪有关"创新"理论的扛鼎之作，它为那些决心成为或要继续作为行业变革者的公司或个人提供了一个行动计划，更确切地说，是一个具有煽动性的策略。它将点燃初级经理、新任经理、老练的副总裁、CEO和其他担心其公司会对未来措手不及的所有人士的激情。

　　《引导革命》一书的缘起可追溯到1994年，那时他组织建立了一家公司——策源公司，它成为开发新工具、新方法和新流程的载体，在过去的数年中，策源公司与世界一流的公司合作，使众多公司养成创新的习惯：将创新构筑成为企业的深厚国际能力。《引导革命》便是这一经历的产物。它旨在探索新经营模式的激进创新及其实践。它展示了企业变革的必然性；也提供了一份如何执行的详细蓝图，使你能在自己公司中展开这场变革；在该书的最后，哈默尔还描述了创新议程，使创新成为向质量和客户服务一样普遍存在的一种竞争能力。在变革中生存，比尔·盖茨曾说过："微软距离倒闭永远只有两年"。令人震惊的变化速度会使任何经营理念迅速丧失其经济有效性，如购并、分拆、6Q方法、再造重组工程、高层管理人员的股票回购等，无论它一度是多么辉煌。变革时代的经济管理创新才是企业独特的竞争优势，这就是哈默尔的核心主张。迈克尔·戴尔引领Dell公司开创了直销经营的先河，从而在PC市场上异军突起，而当康柏采用这种直销、按单定制生产的经营理念时，却导致了失败。只有在其他方面实现了战略差异化，这种模仿才会奏效，否则就会落入战略趋同而竞争乏力的境地。

在哈默尔看来，现代世界的发展已经不再遵循线性的发展道路，与此相对应，企业欲想获得长足的发展进步，只有依靠走一条按非正常发展轨迹的道路发展下去。为了在变革时代茁壮成长，公司必须采纳激进的创新议程。公司面临的根本性挑战不仅是在公司陷入危机时能重塑其自身及其所在的行业，而且能够持续地这样做。在对包括嘉信理财、思科公司、维京公司和通用电气公司等在内的"银发变革者"进行广泛研究的基础上，该书阐明了激进创新的基本原理，揭示了革命性创新经营理念源于何处，确定了使公司善待创新者并做好创新准备的重要设计标准，详述了公司为使创新成为一种持久能力所必须采取的步骤。很明显，书中充满了富于洞察力且实用性的建议，它告诉读者如何摆脱令人乏味的渐进主义，使公司不只是"一次性远见奇迹"的创造者，利用每一位员工的想象力和激情，开发新的财务评价标准，集中精力应对创造新财富的挑战，在公司内部建立起活跃的创意、资本和人才市场。一些变革者以其赤胆忠心深刻地改变了其所在的公司，通过对这些实例的剖析，哈默尔总结出一个人要在其公司开展一场成功的变革所需采取的实际步骤。

值得一提的是，该书是写给那些认识到传统不再主宰我们的命运，并有勇气据此采取行动的每一位人士的。这本开创性的著作是由这个时代一流的管理思想家所撰写的，内容引人入胜，旨在为新世纪建立新的创新议程，成为梦想家和实干家们引领我们走进变革时代的行动号令。他认为和顾客所需要的最终产品不同，核心产品是企业最基本的核心零部件，而核心竞争力实际上是隐含在核心产品中的知识和技能。从这个意义上说，企业的核心竞争力实际上是企业保持竞争优势的源泉，但是如何将这种核心竞争力转化为竞争优势，需要一定的条件。在两人合著的《竞争未来》中，哈默尔指出，企业必须打破旧有的思想框架，以积极开放的胸怀去思考、接受不同的经营架构，把握未来趋势、建立战略架构、组织核心能力，从而在创新中掌握竞争优势。

哈默尔在《引导革命》一书中强调现代企业的发展并不是单纯的由企业产生新的产品和运用新的技术，而是企业应寻求一条异于普通企业发展的轨道，衍生所谓的"新概念"。因此企业要积极开发新的概念，并将概念转化为现实的企业核心竞争优势。哈默尔的主要战略思想在于积极建立并发挥企业的核心竞争力，中国企业尤其要重视这方面的学习。正如Dell公司董事长兼CEO迈克尔·戴尔所说，"新经济中的变革者是这样的领导人和公司——他们愿意改变曾使他们取得辉煌成就的战略。

一、寻找变革

在世界经济处于大循环、大改革的浪潮中，我们应该清醒地认识到，企业想获得丰厚且利于企业发展壮大的资金，就必须要有崭新的经营理念。为了取悦股东，公司实施合并、分拆、股票回购等效率计划，这些战略只是在"释放"财富，并非"创造"财富。即便是惊天动地的强强联合也是如此，因为他们没有创造新的市场和新的收入流。而经营理念的创新才是创造新财富的关键。经营理念创新的目标是在一个产业或竞争领域中引入更独特的战略变化，并且当这一切发生时，能引起充分的关注与青睐。例如，沃尔玛的讨价还价能力使它能从其供应商处取得大量的财富，从而博得客户的承认与喝彩；沃尔玛做了它的竞争对手们不曾做过的事：创造了一种全新的、极具吸引力的经营理念——效率极致的"天天低价"取得市场。这种创新改变的是一个产业或一个领域的竞争基础。这是那些陷入因同质化而导致恶性价格战的行业的CEO们孜孜以求的解决之道。

二、实施变革

怎么样才能成为一个成功的企业改革者呢？我们可以这样说，最基本、最重要的要素是该名改革者必须拥有将所有的有利于该企业发展的优秀因素贯穿到每一个部门，使其各尽所需的权力。如果不能证明你的经营理念的利润潜力高于行业平均利润水平，你将被视为一名会煽情的喜剧演员。利润潜力取决于下列因素：效率即收益递增，对竞争者的排除和战略的灵活性。为了创造财富，一种经营模式必须是高效率的。许多创新的经营理念失败就在于此——没有利润。"竞争者排除"的创新经营理念总叫人想起军事战略：先发制人。先行者的优势从来就不是绝对的。它需要超凡的洞察力、一流的产品、快速的学习能力和借势的本领：加快技术研发的步伐，缩短产品生产和上市周期。苹果本可能会是掌上电脑的龙头，但其牛顿牌产品远未成熟，贻误了"战机"，让Palm Pilot独领风骚。战略的灵活性体现在风险防范的经营宽度、营运的灵活性和较低的盈利分量点上。目标集聚即专一策略，毫无疑问是很有效率的。而当与这个不确定的环境背道而驰时便厄运当头了。想想汽车业中的劳斯莱斯和IT行业的SGI公司、P＆G和IBM都是各自行业中广泛产品组合的典范。诚然，这也只是行业领先者们才可以负担得起的奢侈，较低的盈亏分界点旨在支持战略的灵活性，资本密集、固定成本高无疑降低了经营模式的财务弹性。如何创建并领导一个变革的企业，无疑是企业管理者们所关注的焦点。听听那些引发变革的主管们是怎么说的？建立超常规的期望，无论目标是收入增长，利润增长还是效率增长。要让员工相信并为之奋斗，需要一些技巧和体系，仅仅凭劝诫是不够的。其次，倾听新的声音。哈默尔的研究表明，如果一个公司想成为行业变革者，管理高层应特别重视三类人的声音：年轻或拥有年轻一族的人、边缘人即身处边缘地带的人和公司新成员。

三、变革永远与风险相联

无论经济形势如何变化，请记住一个亘古不变的真理，变革永远与风险相联。

通过这一章节的论述，相信读者已经对哈默尔的思想以及理论有了全面的掌握，下面我们就来运用哈默尔的理论，一起分析一个案例：

沃尔玛的核心竞争力分析：

沃尔玛从建店伊始经过40余年的发展，已经成为美国最大的私人雇主和世界上最大的连锁零售商。2002—2005年在《财富》全球500强中连续4年位居榜首。沃尔玛在长期的经营过程中，形成了自己独特的经营之道，并逐渐形成了自己的核心竞争力。其核心竞争力及其培育之道，可以归纳为以下几个方面：

1. 天天平价——低成本核心竞争力的培育

零售业的关键是顾客满意度。"天天平价"作为沃尔玛长期奉行的经营宗旨，也正是沃尔玛着眼于顾客的举措。这里的平价不是定期或不定期的减价促销活动，而是长期稳定的保持商品低加价率。要保证低价格竞争战略的实施，关键是低成本核心竞争能力的培育，其前提就是要从各个环节降低成本：

（1）控制进货成本

进货成本是零售企业成本控制的关键。在进货方面，沃尔玛采取了以下降低成本的做法：一是采取中央采购制，尽量实行统一进货。尤其是对在全球范围内销售的高知名度商品，如可口可乐、柯达胶卷等，沃尔玛一般是将一年销售的商品一次性签订采购合同。集中采购提高了企业与供应商谈判中的议价能力，有利于降低商品采购成本。二是和供应商采取合作的方式。沃尔玛除宣称不收取供应商的任何进场费用之外，还主动为供应商提供必要的信息技术支持，通过电脑联网，实现信息共享。供应商可以第一时间了解沃尔玛的销售和存货情况，及时安排生产和运输。供应商因效率的提高而使成本降低，沃尔玛也依靠供应链管理取得了成本优势，将从中获得的优惠让利给顾客。

（2）控制物流成本

物流成本控制是衡量零售企业经营管理水平的重要标志，也是影响零售企业经营成果的重要因素。沃尔玛建立了强大的配送中心系统，拥有全美最大的公司卫星通讯系统和最大的公司运输车队，所有分店的电脑都和总部相连，配送中心实现全自动运行。沃尔玛正是通过信息流对物流、资金流的整合、优化和及时处理，实现了有效的物流成本控制。

（3）降低经营成本

沃尔玛的成本控制体现在任何细小的环节上。在沃尔玛的各线管理人员办公室里，看不到昂贵的办公用品、家具和地毯，也没有豪华的装饰。沃尔玛明文规定，职员因工外出时，需两人住一间汽车游客旅馆；商店里诸如照明设施、空调设备等出于节约能源和降低成本的考虑，也实行统一管理；公司还激励员工尽力为节省开支出谋划策，并不断奖励和提拔那些在损耗控制、货品陈列和商品促销上有创意的员工；沃尔玛尽量减少广告费，他们认为保持"天天平价"就是最好的广告。沃尔玛的全体工作人员自上而下都要为削减成本努力，大型削减成本的措施和上百条削减成本的小技巧相辅相承，使沃尔玛的经营成本大大低于其他同行业竞争者。正是通过这些措施，沃尔玛成功地控制成本，不断培育其低成本核心竞争力，为"天天平价"提供有力保证。

2. 顾客至上——优质服务能力的培育

市场竞争的严峻事实告诉我们，任何企业如不以满足顾客需要为中心将无法生存下去。对零售业来说，则更是如此。沃尔玛即深谙此理，将"顾客至上"排在公司目标的第一位。

只要有关顾客利益，沃尔玛总站在顾客的一边，尽力维护顾客的利益。这一点反映在与供应商的关系上尤为突出。沃尔玛始终站在消费者采购代理的立场上，苛刻地挑选供应商，顽强地讨价还价，目的就是做到在商品齐全、品质有保证的前提下向顾客提供价格低廉的商品。

沃尔玛的顾客关系哲学是：顾客是老板，顾客永远是对的。每个初到沃尔玛的员工都被谆谆告诫：你不是在为主管或者经理工作，其实你和他们没有什么区别，你们共同拥有一个"老板"——那就是顾客。为使顾客在购物过程中自始至终地感到愉快，沃尔玛要求其员工的服务要超越顾客的期望值：要主动把顾客带到他们寻找的商品前，而不是仅仅给顾客指一指；主动与顾客热情打招呼，询问其是否需要帮助；员工要熟悉自己部门商品的性能优点、特点和价格高低，保证顾客趁兴而来，满意而归。

沃尔玛一贯重视营造良好的购物环境，经常在商店开展种类丰富且形式多样的促销活动。如社区慈善捐助、娱乐表演、季节商品酬宾、竞技比赛、幸运抽奖、店内特色娱乐、特色商品展览和推介等，吸引广大的顾客。在沃尔玛，每周都进行顾客期望和反映的调查，管理人员根据收集到的顾客反馈信息即时更新商品的组合，组织采购，改进商品陈列摆放方式，营造舒适的购物环境，使顾客在沃尔玛不但买到称心如意的商品，而且得到满意的全方位的购物享受。

公司还为顾客提供"无条件退货"保证。在美国只要是从沃尔玛购买的商品，无任何理由，甚至没有收据，沃尔玛都无条件受理退货。高品质服务意味着顾客永远是对的。沃尔玛宁可收回一件不满意的商品，而不愿产生一位不满意的顾客。

正是这种时刻把顾客需要放在第一位，为顾客提供优良服务，使沃尔玛赢得了顾客的信任，从而带来了巨大回报。

3. 高效的物流配送系统

有效的商品配送是保证沃尔玛达到最大销售量和最低成本的存货周转及费用的核心。作为一种经过长期培育而形成的核心竞争力，高效快捷的物流配送系统为沃尔玛赢得了竞争优势，是沃尔玛成功的保证。

1969年，沃尔玛建立了第一个配送中心。目前，沃尔玛的配送中心已经达到近百个，为全球4000多个店铺提供配送服务，整个公司销售商品的85%由这些配送中心供应。沃尔玛完整的物流系统不仅包括配送中心，还有更为复杂的资料输入采购系统、自动补货系统等。

沃尔玛还拥有全美最大的公司运输车队，车队采用电脑进行车辆调度并通过全球卫星定位系统对车辆进行定位跟踪，保证了灵活性和为一线商店提供最好的服务，构成其供货系统的另一个无可比拟的优势。进货从仓库到任何一家商店的时间不超过48小时，相对于其他同业商店平均每两周补货一次，沃尔玛可保证分店货架平均每周补货两次。快速的送货，使沃尔玛各分店即使只维持极少存货也能保持正常销售，从而大大节省了存储空间和费用。

沃尔玛的配送中心完全实现了自动化。配送中心的每种商品都有条形码，由十几公里长的传送带传送商品，由激光扫描器和电脑追踪每件商品的储存位置及运送情况，传送带直接将货物传送到正确的卡车上。许多商品在配送中心停留的时间总计不超过48小时。配送中心每年处理数亿件商品，99%的订单正确无误。

4. 管理手段的信息化

信息共享是实现供应链管理效益的基础。一条供应链要做到上中下游各环节协调，必须先在各环节主体间建立和运行高质量的信息传递与共享系统。沃尔玛公司在信息技术方面的投资不遗余力，它斥巨资建成了公司的电子信息系统，卫星通信系统，电子数据交换系统等，使自己在技术方面始终遥遥领先。利用先进的电子通信手段，沃尔玛可以保持商店销售与配送中心同步，配送中心与供应商同步。沃尔玛管理手段的高度信息化增强了公司的核心竞争力，对其成功功不可没。

20世纪90年代初，沃尔玛就在公司总部建立了庞大的数据中心，全集团的所有店铺、配送中心也与供应商建立了联系。厂商通过这套系统可以进入沃尔玛的电脑配销系统和数据中心，直接从POS得到其供应的商品流通动态状况，如不同销售点及不同商品的销售统计数据，沃尔玛各仓库的存货和调配状况，销售预测、电子邮件及付款通知等，以此作为安排生产、供货和送货的依据。生产厂商和供应商都可通过这个系统查阅沃尔玛的产销计划，从而实现了快速反应的供应链管理。

全美最大的公司卫星通信系统，随着店铺规模的扩张发挥了极大的优势。这套系统的应用，使配送中心、供应商及每一分店的每一销售点都能形成连线作业，在短短数小时内便可完成"填妥订单——各分店订单汇总——送出订单"的整个流程，大大提高了营业的高效性和准确性。全球4500多个店铺的销售、定货、库存情况可以随时调出查问。公司5500辆运输卡车，全部装备了卫星定位系统，每辆车在什么位置，装载什么货物，目的地是什么地方，总部一目了然。可以合理安排运量和路程，最大限度地发挥运输潜力，避免浪费，降低成本，提高效率。

2003年，沃尔玛又宣布与IBM合作，建立全球采购和物流控制的互联网统一标准平台。这意味着Wal-Mart从传统昂贵的放"卫星"的EDI信息交换方式改为更先进和便宜的互联网网络技术，Wal-Mart的网络系统将更加细致和发达。正是在信息技术的支持下，沃尔玛才能以最低的成本，最优质的服务、最快速的管理反应进行全球运作。

5. 独特的企业文化

沃尔玛一向强调忠诚努力的员工对公司经营成功的重要性，认为善待每一位员工才能善待每一位顾客。在沃尔玛，公司员工不被称作雇员，而称为合伙人或"同仁"。公司认为，顾客、员工和股东都是公司的上帝。公司要靠员工团结一致的献身工作才能成功；反过来，公司也要照顾好它的员工，让他们感到像是在一个大家庭里，自己是公司的一员。公司对员工利益的关心并不只是停留在口头上或是几条标语式的企业文化理论，而是有一套详细而具体的实施方案。这就是沃尔玛面对竞争能够表现得极为出色的原因。

在沃尔玛公司里，所有的员工都受到平等对待。沃尔玛的每个员工想为企业的经营献计献策，都有机会充分表达出来。开放并且良好的沟通环境使每位员工都可以向经理表达他的看法，包括建议也包括不满。

由全体员工参与的利润分享计划，规定任何一名加入沃尔玛一年以上并且在一年中至少工作1000小时的员工，都有资格参与公司的利润分享。该计划同时为员工提供丰厚的退休金，解除了他们的后顾之忧。

雇员购股计划，让员工通过工资扣除的方式，以低于市值15%的价格购买股票。这样80%以上的员工或借助利润分享计划或直接持有公司股票。员工利益与公司利益休戚相关，实现了真正意义上的"合伙"。

根据"员工折扣规定",员工、员工配偶及其被赡养人,在沃尔玛购物时,许多种正常价格的商品可以打10％的折扣。对于那些在沃尔玛工作一年以上的员工,沃顿基金会向他们即将高中毕业的子女提供奖学金。

总之,合伙关系在沃尔玛公司内部处处体现出来,它使沃尔玛凝聚为一个整体,使所有的人都团结起来,为着公司的发展壮大而不断努力。

四、小结

沃尔玛的核心竞争力正是扎根于顾客至上、员工满意的核心企业文化中。"天天平价"是沃尔玛对顾客长期不变的承诺。品种繁多、价廉物美的商品,方便的购物时间、免费的停车场以及微笑、友善、热情、愉快的购物环境,维系了忠诚的客户群体;对员工利益的关注激励员工一起行动,不断创新,比竞争者更快、更好地满足顾客需求。通过与供应商建立长久稳定、互利互惠的合作关系,并借助强大的信息网络系统管理这种关系,不仅保证了为顾客提供"天天平价"的优质产品,而且能以最快速度对顾客需求变化做出反应,从而在竞争中形成明显的竞争优势。

04

将创新视为企业发展
第一生命力的管理大师

——克莱顿·克里斯坦森

杰出的管理学者和
身体力行的管理实践者
——克莱顿·克里斯坦森

克莱顿·克里斯坦森，被誉为是一个真正的管理实践者，他像许多著名管理学者一样，有着令人艳羡的履历。众所周知，他的研究和教学领域集中在新产品和技术开发管理以及如何为新技术开拓市场等方面。克里斯坦森出生于盐湖城，他于1975年在布里格姆·扬大学获得经济学学士学位，并获"最佳毕业生"称号；1977年在牛津大学获得经济学硕士学位，并获得"Rhodes学者"称号；1979年在哈佛商学院以优异成绩获得MBA学位，毕业后在波士顿咨询公司担任顾问和项目经理；1984年，他与几位麻省理工学院的教授共同创办了CPS，这是一家高科技制造公司，克里斯坦森任董事长兼总裁；1992年重返哈佛商学院获得DBA学位之后留校担任教职。在哈佛商学院授课期间，他教授了很多门核心课程，这些课程包括科技与运营管理、工商管理学及运营策略等，其中我们必须要提到的一点是克里斯坦森首创了一门非常具有影响力的课程——创新管理。

克莱顿·克里斯坦森的荣誉与奖项：

纵观克里斯坦森的一生，他获得了许多很有分量的大奖，铸就了其一生的辉煌，我们不妨来做一下盘点：

最佳学术论文奖，1992年，颁奖单位：美国管理科学研究院。

技术管理最佳论文奖"威廉·阿伯内西奖"，1991年，颁奖单位：美国生产与运营管理学会。

纽科门特别奖，该奖项归属于年度最佳管理史学论文奖，1993年。

以及《哈佛商业评论》颁发的1995年度最佳论文奖"麦肯锡奖"等。

克里斯坦森的颠覆性
创新理论概述

颠覆性创新理论是由克莱顿·克里斯坦森首先提出的，当时的克莱顿·克里斯坦森时任Innosight公司的创始人，还兼任哈佛大学商学院的管理教授，这一崭新理论的提出是基于克莱顿·克里斯坦森在哈佛所做的研究工作而总结得出的。

一、什么是颠覆性创新

新技术的运用究竟会对公司的发展产生什么样的重大影响呢？这也是克里斯坦森的颠覆性创新理论重点论述的问题。1997年，克里斯坦森在《创新者的困境：当新技术使大公司破产》一书中，首次提出了"颠覆性技术"一词。

他经常说到的一句话就是："反复的事实让我们看到，那些由于新的消费供给范式的出现而'亡'的公司企业，本应该对颠覆性技术有所预见，但却无动于衷，直至为时已晚。"

一些大公司的领导层一直在走一条他们认为的所谓的创新路线，这条创新路线的内容无外乎他们只专注于他们认为该做的事情，如服务于最有利可图的顾客，聚焦边际利润最诱人的产品项目，殊不知，正是秉承这一创新路线为颠覆性新技术埋葬了他们。这一悲剧之所以发生，是因为现有公司资源配置流程的设计总是以可持续创新、实现利润最大化为导向的，这一设计思想最为关注的是现有顾客以及被证明了的市场面。然而，一旦颠覆性创新出现（它是市场上现有产品更为便宜、更为方便的替代品，它直接锁定低端消费者或者产生全然一新的消费群体），现有企业便立马瘫痪。为此，他们采取的应对措施往往是转向高端市场，而不是积极防御这些新技术、固守低端市场，然而，颠覆性创新不断发展进步，一步步蚕食传统企业的市场份额，最终取代传统产品的统治地位。

二、破坏性创新的特征

初创阶段的破坏性技术更多地被贯以这样几个特征——简单、方便、便宜。同时，"破坏"被理解为一个相对性术语，对一个行业具有破坏性的创意可能对另一个行业是维持性的。

我们必须搞清楚维持性创新和破坏性创新的区别，从传统意义上来说，向最好的顾客出售企业更好的产品，以进一步帮助在位企业获取优厚的利润，这并不是破坏性创新，而是我们经常所说的维持性创新。维持性创新不仅包含微小的、渐进的工艺改进而且也包括在原有性能轨迹上的跳跃性改进。与维持性创新相比，破坏性创新所针对的目标顾客往往对在位企业而言毫无吸引力。尽管破坏性创新往往只是对已知技术的简单的改进和调整，但是在这场游戏中，新的进入者几乎总是击败在位者，因为在位公司缺乏动力去争取胜利。

维持性创新、低端市场的破坏性创新和新市场的破坏性创新三者之间是存在很大区别的，其比较点也比较多，克里斯坦森为了更好地去区分这三种情况，列举了以下三个维度——目标产品或服务的性能、目标顾客或市场应用、对要求的商业模式的影响。他还分析了新市场的破坏性创新和来自低端市场的对现行商业模式进行破坏性创新所必须具备的特征。其中新市场的破坏性创新必须具备：（1）创新所针对的目标顾客是否过去由于缺乏金钱和技术而无法自己完成相应的工作。许多最成功的破坏性增长业务是提供给人们直接的产品和服务，而这些产品和服务在主流市场上既昂贵又复杂。（2）创新所针对的是否是那些喜欢简单产品的顾客。破坏性产品必须是技术上简单易懂，以那些乐于使用简单产品的顾客为目标。在位公司的资源分配程序往往要求对创新机会的大小和可能性进行量化，这样潜在的破坏性创新就被强行纳入到显而易见的、可测度的、现存的市场应用中去了，这实际上将破坏性创新放置到现存市场上与维持性创新相抗衡。在现存市场上破坏性创新不仅花费巨大，而且通常会导致失败。（3）创新能否帮助顾客更简单、更有效地完成他们正努力试图完成的工作。

低端市场这一区别于其他几种市场的运作模式，它的破坏性创新一般来说应该具备以下两个不容忽视的特征：（1）现有的产品是否超越到足够好的程度。（2）能否创造出不同的商业模式。破坏性创新的商业模式由利润很低而净资产很高的成本结构、运作过程和分销系统构成。比如，Wal-Mart和K-mart对传统的百货店就是低成本商业模式的破坏。还有日本的汽车进入北美市场也是这一方式，这一方式并没有创造出新的市场。

P.Thomond and F.Lettice则不置可否，他秉承自己的理念，坚持认为想要具有破坏性至少应该具备以下五个特征：（1）它的成功发端于满足新出现的或利基市场（指市场中通常为大企业忽略的某些细分市场）上过去所无法满足的需求。（2）它的绩效特征极大地取决于利基市场的顾客，但开始并未被主流市场所接受。主流市场的顾客以及竞争者看中不同的绩效特征，因此将破坏性创新视为不够水准。（3）利基市场使产品、服务和商业模式下的投资绩效不断提高，并创造出或进入新的利基市场，扩大顾客的数量。（4）随着产品、服务和商业模式知名度的增加，迫使并影响主流市场对破坏性创新价值的理解发生变化。（5）主流市场对破坏性创新价值理解的变化成为催化剂，它使破坏性创新破坏并取代现有的主流产品、服务或商业模式。

和P.Thomond and F.Lettice很相像，J.W.Kenagy于2001年也提出了自己的评价观点，他讲到破坏性创新所必须具备的五个特征为：（1）技术简单，较差的初始功能。（2）从根本上讲，它是简单的、低成本的商业模式，发端于被忽略或对市场领导者没有太大金融吸引力的市场层面。（3）其所扎根的市场上，制度和规则的障碍很小。（4）当逐步的改进将破坏性创新推向老顾客时，顾客无需改变他们的工作方式。（5）这一创新最终允许更多易受影响的、适当的、具有熟练技能的人们去从事以前必须集中由代价昂贵的专家来完成的工作，而无需进行或多或少的交易。

以上列举的种种观点，我们总结发现他们的论证都有一个共同点，就是无论运用那种评价体系都要紧扣市场这个万能因素，与此，我们归纳了破坏性创新的几个特征。

1. 非竞争性

非竞争性是指破坏性创新不像传统的产品那样到主流市场上去争夺用户，而更多地去通过满足新的现有主流产品的"非消费者"来求得发展和壮大。当破坏性技术发展到一定程度，新产品的性能提高就会吸引现有主流市场的顾客。这种破坏性创新不会侵犯现有主流市场，而是使顾客脱离这个主流市场，进入新的市场。

2. 初始阶段的低端性

我们必须明白一点，破坏性创新和维持性创新这两者所依据的基点是很不一样的，通过统计总结，我们发现，破坏性创新据以立足的是低端市场，而维持性创新占据的往往是高端市场。这一点反映了破坏性创新的本质，它是由破坏性创新的概念所决定的，如果破坏性创新一开始就立足于现有的主流市场，那么这种创新就变成了维持性的了，即维持现有市场在位者的创新。也正因为其低端性，才使它被现有主流市场的竞争者所忽略，采用破坏性创新的新进入者才能够避开现有高端市场的激烈竞争，从而成长壮大。

3. 简便性

简便让消费者变得更为广泛，并且让产品的价格更能使人接受，更进一步让更多的人能够用得起，这为破坏性创新的发展提供了良好的市场条件，不至于过早地夭折。同时，简便也使现有主流市场的竞争者对破坏性创新不屑一顾。另外，简便性也为创新的市场扩散提供了良好的条件，操作如果过于复杂将不利于创新在产业中的扩散。这一特点实际上指出了破坏性创新的生存和发展的市场基础。

4. 顾客价值导向性。

要让顾客最大限度地得到帮助和实惠是破坏性创新所要完成的一个很好的使命。这表明了破坏性创新的价值所在，即帮助顾客创造价值，以顾客价值为导向。缺少这一点，破坏性创新就失去了存在的价值。

三、创新类型

企业在实际的运营中，为了更好地完成业务值的大幅度增长，一般来说，可以进行两个行之有效的选择。一种选择是，通过持续创新，从市场领导者手中抢夺现有市场。另一种选择是，通过颠覆性创新或者开辟新的市场，或者扎根于那些现有产品的最差顾客群。

颠覆性创新又有两个类型。第一个类型是通过锁定现有产品没有服务到的顾客群体从而产生新的市场。第二种类型是竞争现有产品市场上的低端消费者。

四、颠覆性创新法的应用

各行各业、各种企业——因为它们都会被科技创新和变革所影响。

五、颠覆性创新的步骤和流程

只要我们很好地去关注颠覆性创新模型，我们就会发现一个现象，当现有市场顾客的需求不断提高时，为满足这一需求的技术范式也随之提高。通常，技术范式与顾客需求的提高过程是两个不同的轨线。当两条轨线的倾斜程度不一致、技术范式轨线超过了顾客需求轨线的时候，就意味着原本活跃于非主流次级市场上的新技术要开始向其他顾客群落迁徙了。这就为变革者们提供了机会去满足新的顾客，这些顾客在过去可一直没有把他们的供给放在眼里，认为他们的产品、服务是非主流的、不符合标准的。

有下面一种情况我们也是要慎之又慎的，假如此种状况的出现，我们要很好地去处理，那就是颠覆性创新与大众普及化携手并进，如果一个公司将其产品性能表现提升到超过顾客需求的程度，并使顾客不得不为超标性能额外付出，那么这些在创新变革上做过了头的公司，也是不可能赢得市场的。其结果要么是颠覆性创新产品抢走市场，要么就是被大众普及化产品压榨利润。当某一行业遭受颠覆性创新浪潮的冲击时，价值链上产生利润的环节随着时间变化也在迁徙。当一切发生时，如果某一公司能够将自己定位于价值链上原本表现不佳的环节，它必然将实现盈利。

六、颠覆性创新的缺点

1. 颠覆性创新有一个让人叫苦连天的缺憾，那就是颠覆性创新的流程是需要严格区分的，并且不能合并。这一流程既不能是计划好的，也不能专注于对现有问题的提高改进，它必须是突然发生的，并专注于那些意料不到的机会、问题与成功的可能。

2. 许多消费者其他诸多方面的要求我们不需要考虑得很清楚，但有一点我们必须要弄清楚，那就是必须要慎重对待消费者的潜在需求。当然，了解人们的真实需求远非易事。

3. 基于颠覆性创新具有面向新市场、面向低端现有市场的属性，它不可能很快实现大幅盈利。不幸的是，风险投资人现在是越来越急不可待地要看到利润。

良好的管理是导致
优秀企业衰败的原因

克里斯坦森在《创新者的窘境》这本书中主要探讨一个令人十分费解的问题——企业在遭遇某种形式的市场变化和技术变革时，为什么无法继续保持他们的行业领先地位？他所指的不是任何其他企业的失败，而是一些优秀企业（那些曾让许多管理者艳羡不已且竞相效仿的，因其创新和执行能力而闻名退迩的企业）的失败。当然，导致企业失败的原因有很多种，其中包括官僚作风、傲慢自大、管理队伍老化、规划不当、投资短视、技能和资源不足以及单纯的时运不济。但在《创新者的窘境》中所讨论的并不是存在上述问题的企业，而是那些锐意提高竞争力、认真倾听消费者意见、积极投资新技术研发，但却仍然丧失了市场主导地位的管理良好的企业。

许多失败的发生是非常令人费解的，一些看上去根本不会失败的行业反而会产生病变，比如那些发展迅速和发展缓慢的行业；那些建立在电子技术和建立在化学和机械技术上的行业；那些制造业和服务业。

我们来一起看一个印证上面深刻含义的例子。西尔斯·罗巴克公司（Sears Roebuck，简称西尔斯公司）就曾在几十年的时间里被认为是世界上管理最为灵活的企业。在它的黄金时期，西尔斯公司的销售额占全美零售总额的份额超过2%。它率先进行的多项创新对当今最受推崇的零售商的成功起到了至关重要的作用，这其中就包括供应链管理、店铺品牌、目录零售和信用卡销售。西尔斯公司管理模式的受推崇程度在以下这段引自《财富》杂志的文字中表现得一览无余:"西尔斯是怎么做到的?从某种程度上说,它最吸引人的部分就在于这其中根本就没有什么诀窍。西尔斯既没有玩太多花招,也没有放空炮。相反,公司里的每一个人似乎都在自然而然地做着正确的事情。而最终的结果就是使西尔斯成为一个卓越的行业龙头企业。"但今天已经没有人会去这样评价西尔斯公司了。不知是什么原因,西尔斯公司完全错过了折扣零售和家居中心(家居中心,一种以销售家居用品、技术或服务为主的,采取自选等自助服务方式销售的零售业态,如家居建材商店、家电量贩店等)。在目录零售风起云涌的今天,西尔斯公司已经无缘参与其中。人们已经开始质疑它的零售运营将何以为继。一位评论员曾指出,"西尔斯在拿出17亿美元的重组资金之前已经亏损了13亿美元(在1992年)。西尔斯的傲慢自大使它对发生在美国市场上的基本变化熟视无睹。"

另一位评论家则抱怨说:"西尔斯已经成为投资者的心头之痛。他们只能眼睁睁地看着它的股价一路下跌,所有有关情况已经好转的承诺都沦为一纸空文。西尔斯陈旧的营销方式(大量销售迎合大众口味的、中间价位的商品和服务)已不再具有竞争力。毫无疑问,持续令人失望的表现、不断重复却从未实现的有关情况好转的预测已经降低了西尔斯的管理层在金融和商业界的公信力。"令人大感意外的是,西尔斯公司受到潮水般的赞誉的时期(20世纪60年代中期)恰好是它忽略了折扣零售和家居中心,新型知名耐用品市场营销模式(正是这种成本更低的营销模式最终使西尔斯公司丧失了其核心特许经营权)正在悄然崛起的时期。在西尔斯公司被誉为世界上管理最好的企业之一的同时,它却让维萨公司和万事达公司抢占了其在率先推出信用卡支付后建立起来的巨大领先地位。

令我们感到诧异的是,很多优秀企业丧失优势地位的情景剧一直在上演,我们拿计算机行业来做个例证:IBM公司主导了大型计算机市场,但却长时间忽略了在技术上更为简单的微型计算机的崛起。事实上，没有任何一家主要生产大型计算机的制造商成功地转变为在微型计算机市场具有举足轻重地位的生产商。数字设备公司（Digital Equipment Corporation）创建了微型计算机市场，此后其他一些管理良好的企业像通用数据公司（Data General）、Prime公司、王安电脑公司（Wang）、惠普公司和利多富公司（Nixdorf）等也纷纷加入其中。但这些企业随后又错过了台式个人电脑市场，从而将开拓个人电脑市场的机会留给了苹果电脑公司以及Commodore公司、Tandy公司和IBM公司的独立个人电脑部门。特别是苹果公司独创了用户友好型计算机的标准。但在便携式计算机市场，苹果公司和IBM公司却落后行业领先企业整整5年。同样，建立了工程工作站市场的企业像阿波罗公司（Apollo）、太阳微系统公司（SUN）和硅谷图形公司（Silicon Graphics）都是该行业的新兴企业。

跟零售业的发展模式如出一辙，曾经好评如潮的计算机制造商，他们被称为是世界上管理能力最出色的行当，许多的评论家和记者都倡导学习他们的先进理念。

下面是在1986年，评论家和记者对数字设备公司的一段极其好的评价言论："现在的数字设备公司犹如一架高速行驶的列车，与它竞争无异于螳臂当车。当大多数竞争对手深陷计算机行业衰退的泥沼无力自拔时，这家市值76亿美元的计算机生产商仍在加速前进。"这段文字的作者进而告诫IBM要小心了，因为它就站在数字设备公司正高速行驶的轨道上。当时的数字设备公司的确是麦肯锡公司（Mckinsey）浓墨重彩地加以研究的一家企业。

但是时势在短短的几年就发生了几乎是360度的大转弯，面对如此境况，评论家和记者都发出以下与几年之前大相径庭的言论："数字设备公司是一家需要进行资源重组的企业。微型计算机产品的销售已经枯竭，进行了两年的重组计划惨淡收场，预测和生产规划系统完全失灵，削减成本远远无法重塑赢利能力……但真正让人感到遗憾的可能是数字设备公司错失的机遇。它浪费了两年的时间才仓促采取措施来应对已经颠覆了整个计算机行业的低利润率个人电脑和工作站。和西尔斯公司一样，在数字设备公司的案例中，最终导致其失败的决策正是在它广受赞誉、并被称为管理灵活的企业时做出的。在数字设备公司被称为优秀管理企业的典范的同时，它却忽略了台式计算机的出现，并在几年后自食其果。"

我们都知道西尔斯公司和数字设备公司在各自领域的地位，他们的一举一动都是牵一发而动全身的影响，点滴变化都会吸引世界的眼球。施乐公司曾长期统治复印机市场，它生产的普通纸复印机被广泛应用于复印量较大的大型复印室。但施乐公司错失了小型台式复印机市场带来的发展和赢利机遇，最终只占据了很小一部分市场份额。尽管小型钢铁厂目前占据了北美钢铁市场40%的份额，其中包括该地区几乎所有的钢条、棒材和结构钢市场份额，但截至1995年，不管是在美洲、亚洲，还是欧洲，没有任何一家综合性钢铁企业建立了使用小型钢铁厂技术的工厂。在30家缆索挖掘机制造商中，只有4家成功度过了该行业长达25年的液压挖掘技术过渡期。

如此繁多的例子让我们不得不惊呼和反思，为什么在市场形势发生重大变化时，那些曾经是绝对优势的公司的失败会如此之多呢？如果只是粗略地进行分析，似乎从中找不到导致他们失败的模式。在某些情况下，新技术在很短的时间内就会席卷整个行业；而在某些情况下，过渡期则长达数十年。在有些情况下，新技术非常复杂，研发成本高昂；而在有些情况下，具有重大影响的技术只是简单地扩展领先企业的现有技术。但所有失败案例都具备的一个共同点，那就是导致企业失败的决策恰好是在领先企业被广泛誉为世界上最好的企业时做出的。

我们想到了两种可以妥善处理这一问题的措施，其一就是我们想当然的得出像数字设备公司、IBM公司、苹果公司、西尔斯公司、施乐公司和比塞洛斯·伊利公司（Bucyrus Erie）等企业的一直管理不善的结论。这些企业之所以能够获得成功可能是因为他们运气好，而且幸运的遇上了好时机，而不是因为管理良好。他们最终在经济出现危机时遭遇失败可能是因为他们的好运气已经到头。也许是吧。但另一种解释是，这些遭遇失败的企业的管理已经做到了极致，但他们在大获成功之后做出决策的方式最终埋下了他们日后失败的种子。

这些令人不得其解的问题，在《创新者的窘境》这本书中都给我们做出了很好地阐释，即良好的管理正是导致上述以管理卓越著称的企业未能保持其行业领先地位的最主要原因。准确地说，因为这些企业倾听了消费者的意见、积极投资了新技术的研发，以期向消费者提供更多更好的产品；因为他们认真研究了市场趋势，并将投资资本系统地分配给了能够带来最佳收益率的创新领域，因此他们都丧失了其市场领先地位。

我们可以认识到，其实那些得到普遍认可并被奉为桓古不变的真理——良好的管理原则，实际上只适用于某些情况。有时，不采纳消费者的意见，投资研发利润率较低、性能较差的产品，并且大举进军小型市场而不是主流市场反倒是正确之举。本书认真分析硬盘驱动器行业和其他行业创新成功与失败的案例，总结出一系列规律，管理人员可以利用这些规律来判断何时应采用得到广泛认可的良好管理原则，何时适于实施其他原则。

为什么会有"破坏性创新原则"这个概念的提出呢？那是由于许多企业要么选择不理会这些规律性的东西，要么选择对这些规律性的东西拒之千里之外。如果管理人员能够理解并利用这些破坏性创新原则，那么他们就有能力卓有成效地管理好哪怕是最困难的创新。与生命中许多最富挑战性的行动一样，深刻理解"世界的运行方式"，并顺应这些力量来管理创新活动，具有非常重大的意义。

　　克里斯坦森出版《创新者的窘境》这本书的主要宗旨，就是为那些制造业和服务业的管理者提供应有的帮助，帮助他们走出困境，实现超越。有鉴于此，本书所提到的"技术"一词指的是一个组织将劳动力、资本、原材料和技术转化为价值更高的产品和服务的过程。所有的企业都拥有技术。零售商，例如西尔斯公司，采用了一种特定的技术来采购、展示、销售，并向消费者提供产品，而诸如普来胜公司（PriceCostco）等仓储式折扣零售商则采用一种不同的技术。克里斯坦森的"破坏性创新原则"这一先进理念已经广泛地传播到各个领域，正在为各行各业的发展做出着应有的特殊贡献。

掌握突破性
创新的规律

　　克里斯坦森在《创新者的窘境》这本书中主要是向广大读者阐释了两种创新的区别，这两种创新我们可以称之为持续性创新和突破性创新。这一区别，不同于传统的根本创新和渐进创新之间的区别，它不是着眼于技术变迁本身，而是着眼于人们所谓的、或者用克里斯坦森的话来说企业的"价值体系的变化"，即人们用以评价产品的标准的变化。没有预测到这种变化的竞争者将会失败。

　　克里斯坦森的理论强调的一点是，一些很优秀的企业在面对突破性技术变革时，即便计划周详，也无法避免失败的命运。可靠的执行、紧跟市场的脉搏、全面质量管理以及流程再造等，也同样于事无补。毋庸讳言，对于那些培养未来管理者的教师们来说，这可算是令人左右为难的消息了。"创新者的困境"使许多大公司的管理人员陷入恐慌。克里斯坦森可以证明，新兴公司如果掌握了某种能打破现存经济模式的新发明，就可以打败几乎任何一家大公司：无论是20世纪70年代发明微处理器的英特尔公司、还是20世纪90年代掌握重新利用金属废料方法的纽科公司都证明了这一点。不仅如此，他还预言，那些德高望重的公司注定要走向灭亡，因为他们一直在做被认为应该做的事情：取悦于最有价值的顾客。而且，他们似乎别无选择。

　　在应对突破性技术变革时，我们已经知道，不可能在传统的经验盒里找到应对的良策，但并不是找不到方法。每种行业中的任何企业都是在某种力量的支配下运行的，这种可以称为"组织性质的规律"的力量严格限定了一个企业什么能做什么不能做。当企业的管理人员完全被这些力量所控制时，他们在面临突破性技术时就可能把企业搞砸了。

为了很好地阐释这个道理，以便使更多的人明白此道理，我们来打个比方，古人曾将羽毛做成的翅膀绑在双臂上，然后从高处跳下，用尽全力煽动翅膀企图飞起来，结果无一例外地失败了。尽管他们有自己的梦想并为此付出了艰苦的努力，但他们是在同不可抗拒的自然力量相抗争。没有人强大到足以赢得这种抗争。只有当人们懂得了相关的自然规律，掌握了决定世界是如何运行的那些原则（万有引力定律、贝努里原则、升力与阻力原则）的时候，人类的飞翔之梦才得以成真。当人类在把握规律，顺应时势，走一条与之相对应的道路时，人类飞向高空的双翼反而能展翅翱翔。

突破性创新
原则的提出

突破性创新原则在克里斯坦森的思想体系中占有举足轻重的地位，为了凸显其重要性，笔者在此特意将它专门列为一小节，以供读者学习、领悟其科学性与广博性。

克里斯坦森在综合了各方面的理论元素，将其核心理论——突破性创新原则主要内容归纳为以下五个方面：

1. 设置一个崭新的独立部门，此部门不围绕主流客户，而更多地服务于那些需要突破性技术产品的客户。

2. 将实现突破性技术商业化的职责留给与之相符合的组织去实行，这样以便更好的对小市场上出现的机遇做出反应。

3. 抛弃传统的、与突破性创新不相对应的思想观念，学习新理论，以便更好地服务突破性创新技术。

4. 全面评析组织潜在的功能，必要时升级其程序，以便应对新的、可能出现的状况。

5. 走一条与市场趋势相对应的发展道路，随时更新变化，才能抓住重点，实现突破。

应对突破性
技术的五个原则

突破性技术是有可供遵循规律的地方，作为企业经理人如果忽视此问题，那么想在竞争环境如此激烈的状况下去谋求大的发展是非常困难的。如果经理人员能够懂得并掌握了这些规律，而不是与之作对，他们实际上可以在面对突破性技术变革时取得辉煌的成功。"我们必须首先了解突破性技术在什么情况下是对我们有利，什么情况下是对我们有害以及在不利的情况下我们应该怎样去做。"

一、企业依赖客户和投资者以获得资源

很多企业在满足顾客需求方面做得可谓是风生水起，但在突破性技术面前却常常是一筹莫展，老是吃大亏。这一例证支持了"资源依赖论"。该理论称，尽管经理人员可能以为他们控制了本企业内资源的流动，但最终却是客户和投资者决定资金该用于何处，因为如果企业的投资模式不能满足客户和投资者的需要的话，这个企业就无法生存。业绩最优秀的企业实际上都是这方面的高手，也就是说，它们有一套完备的制度来扼杀客户所不买账的创意。结果，这些企业发现自己很难将足够的资源投向客户不感兴趣因而盈利机会很小的突破性技术，而当真正机会来临的时候再来投资，那就太迟了。

突破性技术虽然难以应对，但我们并不是完全没有办法的，我们可以依靠自己的努力去应对该问题。那些在突破性技术领域及时找到自己位置的主流企业，几乎没有多少例外，都是由经理人员建立了一个自主的组织，来负责组建

一个围绕突破性技术的新的独立事业部门。这种组织，不受主流企业客户的左右，把自己融入另一类客户当中，就是需要突破性技术的产品的那些客户中。换句话说，当企业的经理人员能够将他们的组织与资源依赖的种种力量协调一致，而不是将其忽略或与之作对时，他们才可能在突破性技术中有所作为。

这项原则让企业的经理人员得到了一个很大的启示，那就是当突破性技术威胁到你所在企业的发展时，你应该明白，不应该寄太大希望在主流组织中的人员和工作程序上面。如果一个公司的成本结构适合于在高端市场进行竞争的话，那它就很难在低端市场盈利。创建一个自主的组织，让它的成本结构适合于在多数以低收益为特征的突破性技术中获利，是既有企业掌握这一原则的唯一可行的途径。

二、小市场无法满足大公司成长的需要

突破性技术在一般情况下会催生新兴市场的出现。有确凿的证据显示，率先进入这些新兴市场的企业，比后来者具有明显的先行优势。但是随着这些公司的成功和壮大，他们也将越来越难以进入更新的市场，尽管这种更新的市场的未来前景注定会更为广阔。

但是另一种情况是，某些大型企业将突破性技术商业化的职责丢给与之匹配的一个小组织时，反而发展得会更好。小一点的组织可以最为容易地对小型市场上出现的成长机会做出反应。有充分的证据说明，大型组织内部的正式或非正式的资源配置程序都使它很难将资源和人才集中用于小型的市场，尽管从逻辑上说，这些小市场总有一天会变大。这一难题的解决之道，就是创建一个围绕突破性技术的新的独立事业部门，不受主流客户的左右，而把自己融入那些需要突破性技术的产品的客户中。

三、无法分析尚未存在的市场

管理是否是良好的，一个很明显的区分标志就是看你是否拥有值得信赖的市场调研和详尽的计划，以及随后对计划的有力执行。当应用于延续性技术创新时，这些做法是十分可贵的。在磁盘驱动器行业发展史上，那些既有企业在每一次延续性创新中之所以都能够处于领先地位，其实以上做法正是最基本的原因。这种严谨的程序在处理延续性技术时是可行的，因为市场的规模和增长率是众所周知的，技术进步的轨迹也已经确立，主要客户的需要也是明确无疑的。由于大多数的创新都具有延续性的特征，因此管理人员熟悉了在延续性的背景下管理创新，在这种情况下，分析和计划都是可以做到的。

在众多的发展案例中，我们发现，其实许多延续性创新在市场竞争中的领先地位并不是很重要的。在这种情况下，技术的跟进者可以和技术的领先者做得一样好。而正是在突破性创新方面，我们对市场了解甚少，所以才有很强的先行优势。

企业在实际运用突破性技术时，不能延续以前的行为，做许多准备工作，例如一定要有关于市场规模和财务收益的量化分析的结果，否则，就会容易导致失败。他们需要市场数据，而这些数据并不存在；他们需要靠财务预测为依据来做出判断，而实际上收益和成本都无法预知。在突破性技术的环境下运用管理延续性技术时所采用的计划和市场营销技术，是很难获得成功的。

一般来说，我们都不提前通晓一些很重要的信息，比如正确的市场定位和开发这一市场的正确的策略。我们既定的思维模式和已有的知识不足以支持对突破性变化进行判断，因此要有计划地学习所需要了解的东西。我们将其称为基于发现的计划，它提醒经理人员假设预测是错误的而不是正确的，而且他们选择采用的策略也可能是错误的。在这样的假设下进行投资和管理，就会促使经理人员制定一种计划来学习需要了解的东西，这是成功对付突破性技术的更为有效的方法。

四、一个组织的潜在能力也决定了它的缺陷所在

我们常常发现这样的一个状况，就是那些企业的经理人在面对应挑选什么样的员工去处理创新问题的时候，他们总是本能地试图调派有能力的人员来做这项工作。一旦他们找到了合适的人选，大多数的经理人员都会设想，由这些人在其中工作的组织也一定能够成功完成任务。这种想法其实是很危险的，因为组织所具有的潜能和在其中工作的人员是两回事。一个组织的潜能存在于两个方面：第一是它的运行程序。这是一套方法，人们从中学会将劳动、能源、原材料、信息以及资金和技术等投入转化为价值更高的产品。第二是这个组织的价值观，它是组织中的管理者和雇员在做出优先选择决策时所使用的一把无形的尺子。人具有相当大的可塑性，人们可以学会处理各种不同的事情。比如说，一个IBM的雇员，为了在一个新起家的小公司中成功地工作，他可以非常容易地改变他原来的工作方式。但是工作程序和价值观却没那么具有可塑性。组织潜能（组织运行程序和价值观）的可塑性是有限的，这就需要我们分析组织现有的潜能和缺陷，并创造一种新的潜能来解决新的问题。比方说，用于管理小型计算机设计的一种行之有效的工作程序，把它用于管理台式个人电脑的设计就不见得那么有效。同样地，员工的价值判断如果是把开发高收益产品的项目置于优先选择序列，那么这种价值观就很难同时把低收益产品也置于同样重要的地位。就是说那些在某些环境下构成一个组织的潜能的工作程序和价值判断，将会造成它在另外一种环境下的无能。我们必须在失败和成功的过程中去创造一种新的潜能，当现有组织中的工作程序和价值判断无力成功解决新的问题时，好来帮助他们一显身手。

五、技术供给可能与市场需求不一致

为什么被称之为突破性技术呢？其最首要的原因在于它来源于小型市场，但假以时日，经过发展壮大，突破性技术势必会对主流市场的既有产品构

成极为有力的竞争。这种情况的发生，是由于在产品开发方面技术进步的速度过快，它所造成的产品性能改进的速度可能超过主流消费者所需。结果，那些特点和性能恰好符合今天主流市场需求的产品，经常会沿着超常改进的轨迹使其超越明天市场的需要。而那些在今天表现不佳的产品（相对于主流市场客户的期望而言），有可能在明天表现得恰到好处。当多种商品在市场上的表现进步得超过市场的需要时，客户进行选择时就不会根据哪种商品的表现更好来做出决定。选择商品的依据通常遵循这样一个线索演进，先是产品的性能，而后是它的可靠性，再是它的便利程度，最后就是价格。

在管理学界，对产品的生命周期做出诠释的有许多个学者，但经过总结发现，至今还没有人像克里斯坦森那样明确提出：产品性能超越市场需求这一现象，是引起产品生命周期发生阶段性更替的基本机制。

在产品市场上，数目众多的企业为了保持其在主流市场上的领先地位，都会争先恐后地去开发新领域。他们在竞相向着高性能、高利润市场前进的过程中，其速度是超越市场的，并且是超越他们原有客户的需要的。这样一来，他们就为那些利用突破性技术的竞争者进入市场创造了一个低价位的真空地带。企业想要在主流市场上抓住竞争基础变动的关键环节，就必须要仔细研究市场动态，了解主流客户的产品需要。

05

和顾客站在一起，
为了顾客的利益销售

——汤姆·彼得斯

管理中的领袖

——汤姆·彼得斯

汤姆·彼得斯，1942年11月7日出生于美国马里兰州巴尔的摩，他是美国享誉盛名的管理学家，同时也是管理类畅销书作家，有"商界教皇"的美誉。曾获斯坦福大学工商管理硕士和博士学位。汤姆·彼得斯还担任过麦肯锡公司顾问，现任汤姆·彼得斯公司董事长。

汤姆·彼得斯的影响力是世界性的，人们用多种华丽的辞藻来形容他，《财富》杂志更是将汤姆·彼得斯评为"管理领袖中的领袖"，这个评价是极其高的，其在管理学界的地位可以和拉尔夫·爱默森、亨利·梭罗和瓦尔特·惠特曼相提并论；经济学家称他为"超级领袖"；《商业周刊》根据他那些反传统的观点把他形容为"商业界最好的朋友和最可怕的梦魇"。汤姆·彼得斯的著作颇丰，而且每一本都是具有世界影响的畅销书。主要代表作《追求卓越》被称为"美国工商管理圣经"；仅在美国就销售了600万册；在《福布斯》杂志新近评选出的20本最具影响力的商业图书中排名第一。汤姆·彼得斯又相继推出《乱中求胜》《解放管理》《管理的革命》等企业管理经典之作，在商业领域引起了巨大的反响。他给现代企业管理带来了全新的理念。在他的眼中，无论人还是企业都脱离了传统的概念：企业中的人和人的空间（企业）都成为一种理念。他呼吁马上进行革新，再创企业文化。他认为，现代的人和企业都要勇敢地拥抱失败，要有强烈的求知欲，热衷于行动，富有好奇心和创造力，乐观激进，永远变革。汤姆·彼得斯的最新作品《重新想象》，凝聚其4年的思考结果，彼得斯用激情、设计和女强人等概念重新构建了美国商业体系。在安然事件、经济膨胀期以及"9·11"事件以后的第一本书里，汤姆·彼得斯，这位美国最具影响力的商业思想家宣称，老式的商业图书在如今这个杂乱无章的新世界里是已经毫无用处。在序言中汤姆彼得斯声称：商业是很残酷的。或者至少它可能是这样。但是破产的"商业体验"使我们不能对在如今的工作场合正进行的变革做周全的考虑。在新经济条件下，人们担负起职业责任的同时，必须掌握相应的权力。

汤姆·彼得斯是一位极其富有想象力的大师，有人说的他的许多管理理论的诞生都是在一种无秩序、不遵循常态的环境下产生的，但是，我们不得不看到，创新的管理理念总能在他的脑海中展开想象的翅膀。汤姆·彼得斯在他的管理思想中一直都想把企业变成一个创新的机器。他在最近的几年里走遍47个州，22个国家，举办了400场以上的演讲，在演讲过程中，彼得斯重新定义，解释了"创新"的含义。

面向市场
面向顾客

在汤姆·彼得斯的话语中，一个企业在激烈的竞争中获胜，必须树立市场第一、顾客第一的观念。要"让生产成为市场营销的武器"，摒弃过去那种只见生产、不见市场，只见产品不见顾客需要差别的观念。为此，需要"发动一场为消费者着想的革命"，要"全神贯注地倾听顾客的意见"，并在此基础上，根据消费者的需要差别，将一个整体市场划分为若干细分市场，并针对不同的细分市场以专业化、差别化的策略寻求在整个市场中的局部优势地位，而所谓差别化、专业化，则体现在"创造独家特色""为顾客提供可感觉到的最优质量""提供优质服务特别是无形服务""建立对市场的不同寻常的反应能力"等方面。

由于在所有市场上所有商品都是任人选购的，所以我们必须成为为顾客着想的企业。

一般情况下，机会是常常存在的，目前的问题就是我们不仅要不断完善日常工作，而且要善于利用环境的不稳定去实现每日每时跳跃性的发展。为了做到这一点，就必须使企业组织从精神到物质也和顾客紧密相连——每个部门的每个系统、每道工序、每项措施、每次会议、每个决策，都要和顾客息息相关。

进行一场为顾客着想的革命。任何工作都要从顾客的角度去考虑，哪怕是最微小项目的最细微之处——就是说，要站在顾客（而不是你）的立场去感觉它、认识它。要使为支持顾客而推行变革的勇士（而不是维护内部稳定的卫士）成为公司各个职能部门的新的英雄。

美国马里兰州州长的丹·沙也弗，在他当巴尔的摩市市长时，把一张图画纸贴在办公室的墙上，上面用黑色软尖笔写着：

第一、人。

第二、马上去做。

第三、第一次就要做得对。

第四、在预算范围内办事。

第五、你愿意到那里生活吗？

如果你能越过前四道栅栏，但过不了第五道，你尚未把握住它的全部涵义。

这是真正的面向顾客。每一个行动，无论多么微小，也无论那个部门离第一线有多远，都必须从顾客的角度出发行事。"这样对顾客是不是更方便些？更快些？更好些？更便宜些？"顾客是否会因此而受益更多？"

绝不能让哪个部门，包括法律和会计部门，为了"保护公司"而存在。如果你想避免久欠不还、多年结不清的应收账款，有一个简单的办法：让每个顾客在订货时就按售价的100％付现款。当然，问题在于，你会因此而失去所有的顾客。

企业经营的方程式很简单：利润＝收入－成本。也可以稍稍复杂些：长远的利润等于从始终感到很愉快的顾客那里获得的收入减去成本。许多公司的成本结构确实是有毛病的。但是，过去几十年我们一心想的只是控制成本而非增加收入。我们所要探讨的就是为了使企业获得响应顾客需求的整体能力，就是要求把重点转向增加收入。例如，在经营不景气的时候，要增加销售人员，而不是削减销售部门的出差费预算。

多米诺公司的菲尔·布列斯勒在对公司的特许经营店同仁讲话时，用简朴的语言说明了增加收入的道理："我的两位经理刚刚外出买进了几家不盈利的商店。他们要弄清的第一件事就是如何使这些商店盈利。而我说的第一句话是"忘了它吧"。你不想盈利时就会盈利。你一心记挂着盈利，顾客就要受伤害。我们曾让一个人掌管（每周收入）6500美元的商店，4个月后他使收入增加到12500美元。他的经营成本高得惊人，只是微有薄利。但我不断提醒他："把成本忘了吧"，因为再过3个月左右他就要经营一家每周收入2万美元的商店。增加销售才是盈利的途径。你只能把成本降到不伤害顾客的水平。而你永远不可能把销售额提得过高。为了强调这一点，我们对公司在（马里兰）陶森市的商店的顾客逐户进行分析。这个商店是多米诺公司在美国国内的皮札饼快餐店中市场渗透搞得最出色的。它每周收入35000美元，以当地居民户计算，平均每户每周购买2美元，平均每次实际购买额为6.49美元。这就是说，商店拥有很多顾客。但我们发现，在17000户当地居民中，只有1700户光顾我们的快餐店。10%！我都快急疯了。我们每周收入应当达到70000美元。这还是多米诺公司3800个皮札饼店中市场渗透搞得最好的。由此你也就可知，潜力有多大。你充其量只占领了当地潜在市场的10%。潜力的上限还在90%之上。

即使我们在理论上认识到重在增加收入，但采取的方法往往还有许多毛病。我们过分强调了：（1）以低价格赢得市场份额。（2）使用销售技巧增加销售额。（3）不断地购进（兼并）和售出（转让）各种企业或经营单位，以求达到所谓最佳的产品（经营）组合结构，弄到几种"摇钱树产品或迅速增长的明星产品"——可惜这种想法本身不过是纸上谈兵而已。

彼得斯的意见是截然相反的。他建议：（1）任何产品都可以大胆地实现差别化，都可以成为增值的优胜产品，即使是——也许要说尤其是——在最古老、最滞销、最平常的大路货商品领域；（2）提高质量无论在何处都是值得的，对新企业也是这样。不仅如此，高质量比免费更能吸引顾客。质量提高了，实际上可以使成本大大降低；（3）创造"附加服务"和注重无形特色甚至可能是比质量更好的差别化基础，虽然它要花费点钱；（4）大大提高响应顾客需求的能力也是可行的，它也能节约资金（因为不精简组织和减少管理层次，就不可能提高响应能力；响应能力提高，库存就会减少，等等）；（5）用创造市场（创造新的局部优势小市场）和建立与顾客以及销售渠道成员的牢固关系，代替销售花招和手段，为成为彻底替顾客着想的企业打下基础。

我们要注意到一点，彼得斯的上述建议多多少少是要激怒市场开发部门的。环球航空公司的格鲁何克就评述过，要让市场调研部门开展以质量为中心的市场调研何其难也。重视质量的市场调研，也就是把注意力集中在自己和竞争对手所提供的产品和服务的质量对比上。硅谷的麦肯那注意到，要让企业把占有市场份额的观念转变为创造新市场的观念，把重点从大做广告和玩弄推销技巧转变为强调树立有口皆碑的信誉，把侧重产品和服务的有形特性转变为强调无形特性，都是非常困难的。

这一切变革取决于人们的态度。强调为顾客着想的处方谈的首先是新技能而非新工具。彼得斯强调，追求质量、服务和反应能力的激情，必须伴之以世界第一流的系统——如克罗斯比的技术以及作为有限公司或联邦捷运公司标志的支持系统。这个因素很重要。然而，全面强调发展面向顾客的技能是基础：所有员工都要具备（1）解决问题的技能，以实现质量的不断改进；（2）老老实实倾听意见的技能，这才能从顾客的角度认识产品的无形要素；（3）在企业内部把敌对关系转变为合作关系，以便打破多年的结构障碍和等级制度，使企业获得迅如闪电的反应能力；（4）学会成为伙伴而不是靠合同拉在一起的对头，同供应商，经销商一道工作；（5）授权给第一线的销售和服务人员，使他们得以在（并想去）现场解决大部分问题，而不是把问题上交或归咎于"系统"；（6）把每一个顾客（无论是购买杂货还是购买超级计算机的）看成（a）有特殊需要的"市场分块"和（b）我们盼望与之发展长期关系的朋友。

真正要把我们一切基本观念都改过来，这个任务令人生畏。但这还是本书提出的两项挑战中较为容易对付的一项。做到为顾客着想的第二项要求是要你记住，我们期望的是大幅度地、有深远影响地提高，而不是逐渐地增加。

彼得斯没有要求我们"考虑以增值为重点的方向"。他要我们把全部产品组合结构转向增值的产品和服务上来——而且要快。接着他主张，每种产品或服务都可以大力实现差别化；而且不管大力推行差别化到什么程度，我们都要每月制定进一步实现差别化的定量目标。

彼得斯没有要求改进质量，而是要求进行革命，这个词是慎重选定的。你还记得丰田公司的职工合理化建议从5000条猛增到200万条，国际商用机器公司把老式技术设备的质量提高100倍，还有"老汉"柯尔曼热心于完美无瑕的炉灶、锅炉等事例吧。此外，他还列举了不容置疑的证据说明，（1）因质量改进而获得的增收效益是巨大的，（2）如果你第一次就真正做到这一点，那么一个附带的好处是你可以节约开支（请记住，因质量低劣而造成的损失可占人力和财力的25％至40％）。

好在你别无选择。任何组织都不是绝对安全的。从在旧金山联邦街新开张的妇女用品小商店到俄亥俄州的戴顿公用事业公司，从国际商用机器公司，杜邦公司到通用汽车公司，莫不如此。

因此这里开的处方都是"必须做"的。每个城市或每个州也都不是绝对安全。不管你喜欢不喜欢，各城市争夺就业机会的竞争现在就很残酷。雇主们现在要求城市和州政府提供几乎不可能做到的条件：更大幅度地减税，有更好的学校、公路和职工培训。此外，各城市和州都在竞相向对方出售自己的服务——从能源到数据系统的管理，以便增加收入和进一步分摊成本。卫生保健业的情况也一样：要求有更多的符合市场要求的增值特色——而同时又要降低成本。

　　这一小节的精神还不止于此。尽管你必须尽力为改进质量和加强倾听意见的工作安排好具体计划，但是你应该而且可以在今天下午就着手改造自己的组织，使之成为完全以顾客为中心的企业。制定详尽的计划，如新的培训和支持系统，是进行这场革命的必要组成部分。但是，确立"我们为顾客而生存"的态度，可能是你今天最重要的活动日程。今天下午就把沙也弗州长的图画纸变成你自己的语言，贴在办公室墙上或记在你的心坎里，而且让你的每一项活动都过一过沙也弗的第五个筛子："你愿意到那里生活吗？"——也就是说，顾客对此感觉如何？

　　最后的这段话是多米诺公司的布列斯勒说的："在职工大会上，我召集大家并逐个提问：'你今天为顾客做了什么工作？'我们公布了大家所做的事，然后开始投票。我给为顾客服务最好的经理发了奖。然后我让他对手下员工也逐个提问。这样，他们在各自管理的商店里也开展了同样的竞赛。这就使你手下的员工都要想一想什么叫顾客。"从某种意义上说，道理就这么简单；这最末了的一段话，概括了一个为顾客着想的组织——及其领导人——表达其基本思想的成千句话。

　　最后，请牢牢记住一句话，时刻准备在你们的单位或公司中灌输"为顾客着想"的思想，面向市场、面向顾客。

客户服务质量
是竞争的关键

在彼得斯看来，"在愈演愈烈的竞争中，产品差别将不再是竞争的主要焦点，客户服务质量将成为竞争的关键，企业的客户服务做得越好，越有可能在激烈的竞争中占得上风。"

随着新的竞争者，尤其是国外竞争者提供优质产品和服务，随着工业和个人用户对质量要求不断提高，每一厂家必须：

1. 发动一场改进质量的革命。

2. 明确质量标准必须反映用户的感觉。

一场质量革命意味着在吃饭、睡觉和休息时都得念念不忘产品的质量。各级经理对此均需全力以赴和坚持不懈，这是十分重要的。但是热情必须和详尽的过程相配合。而且，用户一般必须到场——以决定何者最为重要。

一次民意测验指出，对于日本和美国供应商，朝鲜人宁信日本——主要原因是美国货质量有问题。一位分析家回顾了日本的封闭市场，日本封闭型市场的主要理由——是他们对美国产品质量全面评价较低。由于害怕贸易战并对美元贬值做出反应，日本公司正试图选择美国供应商以部分调整其广泛的海外网络。而主要障碍是美国供应商质量不可靠。美国在钢、汽车、半导体、建筑以及金融服务方面正受到不断冲击。贸易保护主义的呼声要我们相信其原因是外国封闭市场，外商咄咄逼人的销售战（倾销）和成本上的差别，特别是劳动力成本的差别。但是，用户的埋怨声和客观的无可辩驳的数据表明了事实并非如此：就多数而言，美国货及其服务的质量是有问题的，或许用"臭名昭著"一词来得更为确切。然而，冲击发生15年了，质量仍然不是美国公司议事日程中的最重要议题。

用户视质量为价值的事实，在我们周围不胜枚举——从服务部门的联邦捷运公司，摩根银行，诺德斯特龙，美国航空公司和迪斯尼公司，到制造业的梅泰格公司，福特和数字设备公司。道听途说与系统调查所反映的事实是一致的。例如，有关汽车质量的每次调查表明美国造的汽车，除了最近福特公司生产的之外，仍然落后一大截——即使在美元下跌而许多外国汽车价格上升时，美国车在市场的占有率上仍敌不过外国制造商。

我们来引证一个著名的市场战略对利润的影响数据库即是一个明显的事例。在数据库建成后10年来，市场战略影响利润项目的研究人员认为市场占有率是利润的主要来源。但是，对数据进行再分析，导致一个令人惊异然而更为坚定的结论：市场占有率高，的确带来利润，但是，持续的市场占有率主要来自研究人员称为"顾客感觉到的产品或服务的相对质量"的领先地位。"相对"的意思是指和竞争者比较，"可感觉"的意思是站在用户立场上看问题而不是站在生产厂商的立场上。"市场战略影响利润"研究人员现在称相对的质量是"影响一个经营单位（长期）成就的最重要因素"，并且，最近一期的"市场战略影响利润"业务通讯断言："当我们研究采取何种方法来维持价值的领先地位时，我们发现，对市场占有率来说，相对质量的变化比价格的变化具有大得多的影响。"

在价格不变条件下，"市场战略对利润的影响"项目以用户对竞争产品的观点来评价技术和"软"因素（例如，判断一家厂商对顾客需求的反应能力）。一般说来，在可感觉到的产品相对质量上占前三名的厂商与占后三名厂商的利润为2比1。而且，这个结论实际上不因部门（服务部门与制造部门相比较，消费产品与工业产品相比较）、地理（北美与欧洲）或市场机制（低增长与高增长，低通货膨胀与高通货膨胀）而变化。

环球航空公司提供一个有用的试验，因为它是美国经济的一个缩影，其产品从1兆比特的半导体到汽车部件，到金融服务，到信息服务。在1985年，约翰·格罗库克对他市值60亿美元的公司贯彻了"市场战略影响利润"的思想，他以用户的质量评价作为标准，评估了环球航空公司47个经营单位的148个产品系列，并与竞争公司的560个产品系列做了对比。

结果呢？环球航空公司各经营单位的前三名（以用户可感觉的质量记分，最高分是5分，它们得4.6分）与最后三名（得1.9分，相当于与竞争者比较的"平均质量"）的利润比是3比1。前三名单位的资产收益率为26.6%，而末三名只是8.9%。前三名单位销售利润率是7.2%，比末三名的2.9%多一倍多。格罗库克认为："市场战略对利润影响研究关于质量的结果给人的印象是如此深刻，以致于这些结果对美国的经理未产生更大的影响实在令人诧异。"

在1985年，美国质量控制协会进行了一项调查，其内容是用户愿意为质量额外支付多少钱，调查结果是非常令人感到吃惊的："大多数用户只要产品质量满意，就愿意花钱……一般说来，用户如认为一辆汽车质量较好，那么多花1／3的钱（如原价为10000美元，肯花13581美元）也愿意。为一台质量更好的洗衣机愿多花50%的钱（原为300美元，肯花464美元），为质量更好的电视机或沙发愿多花更多的钱（电视机原为300美元，肯花497美元，沙发原价500美元，肯花868美元）。最后，用户表示，一双比普通质量好的高质量鞋子，他们愿多花一倍的钱（原价20美元，肯花47美元）"。至于对高质量产品不愿多花钱的人，其比例是：汽车，10%；洗衣机，4%；鞋子，3%；电视机，6%；沙发，4%。使人惊异的是，调查发现：被认为；是"主要指示器"的两类消费者，高收入者和西部人都极不满意美国产品的质量。

10年来，彼得斯已仔细观察和研究了杂货商，零售商，快递邮政公司和五金批发商；纺织品和钢铁加工制造商（从建筑结构钢到传动系统的精密部件），洗衣机制造商和汽车制造商。彼得斯也研究了家具制造商，高技术产品生产商，纸板箱和帐篷制造商。彼得斯也调查了主题公园经营者，棒球特许拥有者，生产鸡、牛、蔬菜、猪的农场，甜饼和冰淇淋制造商，汤料制造商，计算机制造商和半导体制造商的方法和成果。彼得斯得出的明确结论是：（1）用户——不论是个人的或工业的、高技术的或低技术的、受过科学训练的或未受训练的，都愿意为更优等的尤其是最优的质量花较多的钱。（2）提供优质产品的厂商将生意兴隆。（3）提供最优质量产品或服务的机会能鼓励所有部门的工人奋力而为。（4）没有什么产品能够始终保持质量领先地位，因为新进入本行业的厂家在不断地按照顾客要求重新确定质量标准。

种种迹象显示了一条普遍的规律，企业先要在未来占领市场，打动客户，选用最多的应该是优质的服务和真诚的微笑。按照彼得斯的理论，企业应在以下几个方面加强服务质量：

模块一：培养高度的职业素养和快乐的服务心态

1. 培养高度的职业素养。

　　追求卓越、打造专业精神。

　　培养真正的责任感。

2. 快乐服务的真正受益者是自己——享受工作的乐趣。

3. 找出热情减低，激情不再的原因。

4. 如何自我激励，自我超越——最大的敌人在自己的心中。

5. 快乐是一种心理的习惯——养成好习惯就等于多了一笔财富。

模块二：优质客户服务意识与服务流程

1. 什么是优质服务意识：人无我有，人有我优，更上一层楼。

2. 服务意识对服务质量的影响。

3. 服务人员应必备的综合素质。

4. 服务心态基本要求：尊重所有的生命。

5. 优质客户服务流程。

　　接待客户——建立良好第一印象

　　了解客户——建立客户对我们服务的信心

　　帮助客户——敏捷而负责的及时反应

　　留住客户——建立可信赖的关系

模块三：客户沟通礼仪

1. 与客户有效沟通礼仪——用心倾听。

2. 亲切易懂的商品说明，为顾客提供有用的信息。

3. 对顾客充满关怀、体贴，站在客户的角度上思考问题。

4. 了解顾客心理，倾听顾客说话（重复，赞同，提建议）。

5. 不仅提供产品，更要给顾客提供购物的满足感。

6. 根据客户的类型分开接待。

　　活泼型

　　完美型

　　力量型

　　权威型

　　猜疑型

模块四：微笑礼仪服务训练

1. 微笑是世界共通语。

2. 发自内心的微笑，体现了对客户的感谢。

3. 真诚的微笑，带给客户安心感。

4.微笑礼仪服务—微笑就是生产力。

　　① 真诚微笑——发自内心并享受其中。

　　② 肢体语言——自信及自然。

　　③ 期待眼神——真诚和信任。

5.微笑礼仪服务训练。

　　① 面部表情　眼神的运用。

　　　　注视的部位

　　　　注视的角度

　　　　注视的技巧

　　　　注视的时间

　　② 面部表情　微笑。

　　　　笑的种类

　　　　微笑的要领

　　　　笑容是提升好感度的捷径

　　　　没有笑容就没有好的人际关系

　　　　笑容是服务人员的第一项工作

　　　　带着笑容出现在顾客面前

6.观看专业微笑练习录像，并同步实操练习。

模块五：优质服务训练

　　1.接待礼仪演练。

　　2.送客礼仪演练。

　　3.服务流程演练。

客户服务
思想的提出

彼得斯曾经说过一段话：“成功的企业各具特色，但其成功经验却都浅显平常，人人皆知，没有什么‘新式武器’。”他主张面向市场、面向顾客。企业的一切运作和考虑都要以顾客为核心，把顾客视为自己的亲人一样去关怀，尽可能地满足他们所有合理的要求，力求让顾客有一种回到家的感觉。

客户服务思想的提出已经在全世界的企业中受到重视，这一思想也将成为全球企业生产销售的主导思想。全球市场已不再是过去的需求单一的市场。顾客需求的多样性要求企业在进行所有经营活动时，从顾客的角度出发，秉承顾客至上的信念进行决策，最大程度地满足顾客需求，实现企业增长。

在拥挤的市场中，竞争优势越来越多地产生于“附加服务”：

（1）要酷爱服务，强调顾客所要求的服务。

（2）要把每一位顾客当作是潜在的终身主顾，并能接受对公司的不良评价。因此，要始终重视与顾客的长期关系。

（3）要特别注意产品或服务的无形因素。

优等服务，必得报偿！购买汉堡包、飞机发动机、时髦商品、银行贷款、卫生保健和半导体的顾客并不是根据利率或技术规格决定购买，他们爱的比这些多得多。从长期来看，建立在长期形成的互相认识基础上的关系比有形的产品属性更为重要。根据“服务和附加的无形因素”，完全可以重新定义每种产品和服务。现在平均服务水平很差，所以只要在各方面稍加改进，就能赢得顾客和竞争优势。请记住，一般顾客既不是无赖，也不是白痴。注意：服务远不仅是微笑——最重要的是态度和支持系统。

要以顾客的要求衡量顾客是否满意，并强调无形服务。要经常衡量销售渠道各个环节的顾客满意程度。使这种衡量直接与报酬和成绩考核联系起来。根据顾客的"终身价值"，设计支持系统和培训计划等。每隔90天对每种产品和服务至少增加三种有形的和三种无形的"附加服务"。

一、优质服务是一项准则

你想买一套衣服吗？好吧！我们讨论会的一个参加者就买了一套。他是一家总部在俄勒冈州波特兰的大型全国性零售商的经理，他的两个女儿和妻子只相信诺德斯特龙公司。她们经常提起这家公司，并缠着他到那里买东西。他简直是不胜其烦。并且，尽管她们那么说，他暗自怀疑诺德斯特龙公司的价格一定是贵得出奇。（诺德斯特龙公司的政策是：如果顾客提出要求，他们可以按照任何竞争对手的价格出售衣服。）

但他的确需要一套衣服，而一个大削价展销正在诺德斯特龙举行。他料想不致吃大亏，特别是在削价展销期间，于是勉强地来到诺德斯特龙公司。他不得不承认，这家商店的服务很周到。他看中一套削价的服装，虽然他已经挑了一套正常价格的服装。诺德斯特龙公司规定衣服可于当天修改完毕。但他注意到在规定下面注明，削价展销期间第二天修改好售出服装。他因为发现这个小漏洞笑了一笑。

第二天，星期六下午5时3刻他来到这家公司取衣服。这时离闭店还有15分钟。那天晚上他需穿这套衣服到外地去。出乎他的意料，尽管他只到过那里一次，但接待他的那个售货员已能叫出他的姓名！他快步上楼去取衣服。5分钟后，这位售货员再度出现——没有带来衣服。衣服还未改好。

虽然他需要这套衣服、但他却暗自高兴。他未拿到新衣服就动身前往西雅图赴一个星期一的约会，事毕他又前往达拉斯参加一次大型会议，那是此行的主要目标。他到旅馆办好登记手续，后上楼到房间去。信号灯通知他有个邮包已寄到。旅馆服务员把邮包送来，是通过联邦捷运公司作为快件寄来的，邮费98美元。不错，确实是诺德斯特龙公司寄的。邮包中有他的两套衣服。衣服上面放有3条各值25美元的丝领带，作为免费赠送品（他并未订购）。此外，还附有那位售货员的道歉信一封。原来，那位售货员打电话给他家并从他的一个女儿那里知道了他的旅行计划。他只得笑了，承认他信服这家公司了。专业零售商诺德斯特龙公司自1978年以来，已扩展了7倍，销售额从2.25亿美元增长到19亿美元。该公司的广告预算只是该行业平均广告费的几分之一，但每平方英尺的销售额则是百货公司中的佼佼者，高过行业一般水准3倍。而且，诺德斯特龙公司是靠内部积累发展起来的（它并未兼并其他公司），并且是在竞争激烈的南加利福尼亚市场上取得进展的。

其奥秘何在？无与伦比的服务水平。

二、优质服务收效良多

诺德斯特龙，联邦捷运、同际商用机器公司、摩根银行，弗甲托莱，美国捷运、麦电唐纳、迪斯尼以及其他很少一些公司看来是懂得优质服务将得到报偿的。"市场战略对利润水平的影响"研究数据库再一次提供了决定性的支持。该数据库把一组公司按照顾客的意见分成为比一般服务较好和较差的两类。服务较好的公司商品价格约高9％。他们的销售额很快翻了一翻，市场占有率每年增加6％，而服务较差的公司市场占有率每年下降2％。服务报表的最下一行表明了结果；顾客认为服务质量最好的公司，其销售利润率可达12％，而其余公司则仅为微不足道的1％。差别竟有如此之大！

在这些总体指标下面，还有一些更为精细的数据。一项为"技术支援研究计划"所做的调查表明了这些事实：27个对你印象不好的顾客中有26个不会声张。主要的原因并不奇怪：如果他们打扰了你，他们也就不希望有满意的结果。而可怕的事情在于——不满的顾客中有91％的人不会再来光顾了。更为可怕的是，这一统计对1000美元的买卖与对1.79美元买卖一样适用。也许最糟的是：一般上了当的人会向他10个同事中的9个进行宣传；不满者中有13％会把坏消息传播给20个或更多的人。但也有一线希望。数据表明，如果能及时而周到地解决顾客抱怨的问题，你可挽回82％~95％的顾客，这一数字因行业不同而不同。其他一些研究甚至更为乐观，如果说问题处理得当，会使你的顾客比在发生问题前更相信你的公司。最后，该研究得出一个决定性的结论：要得到一位新顾客，所花代价要比维持已有的一位顾客大5倍多。

三、注意无形服务

1. 小事作用大

计算机零售商瓦尔科姆提出一个叫做"顾客就是一切"的计划。计划的中心是设计一张内容不断充实的、题为"小事作用大"的清单。例如，下述一些小事可以不断增加到公司的销售策略里去："向顾客分送业务通讯月报，要特别注意那些主要顾客。现场管理人员访问主要客户。向顾客赠送小礼物。分寄带有商店标记的致谢函。售货员递交顾客发票时说声'谢谢'。交货30天后走访顾客——看看顾客有什么意见。为顾客提供维修服务用的姓名和地址。当天回复电话。把带有商店电话号码的标签贴在计算机上，拍摄顾客及其计算机系统的照片，并把它张贴在你商店内；同时寄给顾客一张。顾客表扬信用镜框挂在公司墙上。为顾客提供印有商店标记的塑料袋，以便于顾客携带磁盘，磁带等物。""保持联系"计划：每隔3个月给经常来往的顾客寄去一封感谢信。感谢他们不断关照，对发票提出问题的顾客电话号码要画圈，划重点符号，保证不忘记回电话。"这些小事加起来作用就不小了。即使在似乎是公认的大路货商品领域，小事的作用也不小。

2. 给顾客打电话的力量

在最近一次讨论会上，我们花了半天时间研究顾客对服务的感觉。在保险公司经理、医院管理员和汽车零件制造商间的谈话，一度转到顾客打电话的问题上。似乎是每一个参加者对在顾客购买或修理商品后接到经理人员一个电话的功效，都能讲出比别人更为惊人的故事。在这个越来越缺乏情感的世界中，这些细小而富有人情味的细节大大有助于巩固与顾客的关系。多米诺馅饼公司的最高负责人之一菲尔·布雷斯勒，将其大部分成功归因于每周打电话给100位顾客。他主张把给顾客回电话放在比商店晚间会计结账更为重要的地位。他解释道："没有一个人会因为我们晚间结账时发现成绩巨大而来买我们的馅饼。"

3. 高技术无形服务

因此莱维特的外环的变换可能性也适用于馅饼和混凝土公司。他们也适用于制造业，诚如履带拖拉机公司、波音公司和国际商用机器公司等每天所展示的。它们还适用于卫生保健服务：在我们一次讨论会上，很多医院负责人提出了超过病人一般服务的250种无形服务。的确，甚至（或尤其）在高技术界，这些无形服务亦至为重要，正如里古斯·麦肯纳在《里吉斯风格》一书中所指出的：一家公司夸口其产品——比任何竞争产品效率高25%，这是常见的事。的确，多得不可思议的市场定位战略集中在价格和"技术规格"上。（也就是说，用高技术规格推销产品。）如果公司以我称作"无形"的因素和质量，例如可靠性和服务为基础去确定自己的市场位置，那么公司的景况必然较好。与价格和技术规格不同，无形服务不能简单地列入产品比较表……但无形服务作为市场定位的杠杆，其力量将大得多……几年前，当我为英特尔（Intel）公司进行市场调查时，我已明白无形服务的控制力量。作为调查的组成部分，我和许多工程师谈到存储器芯片的问题。我记得我问过一位工程师为什么选择英特尔公司的芯片。这种芯片是一种技术含量相当高的产品，而你也许以为工程师将用专业术语来回答："这种存储器的存取时间将是多少毫微秒"或"存储器的功耗只是如此这般"。事实上并非如此。相反，工程师告诉我他的公司所有芯片几乎全部购自英特尔公司，因此，购买英特尔公司的新芯片也是很自然的。他对新产品评价过吗？没有真正地评价过。他解释说："我们所以购买英特尔公司的芯片，因为我们与他们有业务关系，我们了解他们的经营，我们相信这家公司……"大多数购买决定都是这样产生的。产品经理花上如果不是几个星期也是几天时间拟定根据技术规格和价格比较不同产品的图表。但购买决定很少根据这些客观标准。重要的产品比较分析来自市场上人们的头脑。而在人们的头脑中，无形因素才是真正起作用的因素。

4. 许诺少些，做得多些——"实过其言"

随着每个市场竞争都越来越激烈，为了争取获得订货单，尤其是首批订货单，有些公司承诺了一些不可能做到的事，这样做对吗？不对。在竞争者剧增的情况下，并且许多竞争者是陌生和名不见经传的，因而最重要的战略优势是可靠性，而不是过分诱人的诺言，尤其从中、长期的经营来看。虽然尽快对顾客作出反应是必不可少的，但实现诺言价值更大。

5. 把顾客当作最为可贵的财富

6. 并非"哗众取宠"，而是一种生活方式

因此，在这里彼得斯敦促我们强调服务，广义而言，是无形服务。总的盈利数字和具体事例，从高技术行业到低技术行业，无论是服务业还是制造业，都说明了这一点。这里的挑战是要用顾客的目光来观察经营的每个要素，不断试图严格地——根据顾客对无形服务的感觉重新定义经营的每个要素。

四、衡量顾客的满意程度

衡量并且根据衡量结果给予报酬。质量——顾客对质量的评价——是可以衡量的，彼得斯在多处已经强调过这一点。服务也是可以衡量的。但很少有

人去这样做。在这样做了的人当中：（1）多数人又一次这样做的次数太少，（2）未强调无形服务，（3）对这方面的成绩不敢给予报酬。经过数年观察，彼得斯已得出有效地衡量顾客满意程度的10个主要依据：

1. 频率。每隔60至90天必须做一次正式调查。每月至少须进行一次非正式调查。每年一次的主要形象调查应作为整个活动计划的基础。珀杜农场公司和城市信托公司逐天进行调查；多米诺馅饼公司每周调查一次——但太多的公司满足于半年进行一次调查。这样低的频率各方面都不符合要求。

2. 形式。必须委托第三方进行系统的每年一次的形象调查，也许还应该由第三方进行每隔60~90天一次的调查。这些调查需要费用较大——因此你必须郑重对待。调查结果即使令人困窘，必须广泛地宣布。应该把一些顾客组成非专业式的"试用评议小组"。每隔半月或一月邀请到各个部门：制造、分销、会计等部门，不仅仅是到营销部门。向主要客户报告情况（一年或半年一次）。建立各部门主管经理非正式地（或正式）"每周亲自访问三位顾客"的制度，并制定一套办法，将访问所得到的资料情况进行交流和讨论。所有顾客投诉反馈（统计资料加上一些实际信件和电话记录）的摘要应人手一份。系统的"销售损失"跟踪计划也必须加以确定。

3. 内容。提出一些标准的定量性问题，如："产品出售后的头90天内收到多少顾客投诉？""你回答顾客各种询问需用多少小时？"要花费精力使一些定性问题定量化，如："我们将如何做买卖？"——将回答划分成从1到10共十档。在所有这些答案中，务必将"我们"与"最好竞争者"（总体上最好的，在某个领域中最好的，最新的）进行对比。

4. 内容设计。尽可能从各个角度继续系统地真心实意地倾听意见。没有一个单独的衡量方式或调查方法是最好的，其次好的也不是。许多考核的共同协调和相互核实是至关重要的。这种计划成功的主要障碍是由容易衡量的事情逐渐推向难以明确界定的、有争论的（尤其是工程师、会计师、制造商、市场营销人员和其他类似人物的）主观感觉因素，而这些因素最终决定长期顾客关系、回头买卖、客户增长率。以银行调查为例，你在考核时提的问题能弄清在交货日期"少许诺"的价值吗？

5. 涉及每个人。非正式的顾客试用评议小组必须包括各职能部门和各级年资的人员。在主要客户到厂评议时所有当班的人都要参加。对顾客现场的访问从长期来看应包括各部门各级人员，从生产工人到经理都应前往。供应商、批发商和销售渠道的其他成员也应正式和非正式地参加这些活动。

6. 衡量每个人的满意程度。衡量所有直接与间接顾客的满意程度：最终用户和销售渠道的每个成员——经销商、零售商、批发商、特许经销代理人等。

7. 衡量的组合。把衡量简化为一种复合定量分数：（1）对一些个人（例如，销售人员，维修服务人员）；（2）小组（调度中心或订票中心小组）；（3）单位（工厂或运行办公室或商店）和（4）事业部。

8. 与工资和其它奖金挂钩。一旦考核办法经过与被考核的人（最理想的是每一个人）共同研究后取得完全一致的意见，并经过时间检验证实为可靠，就要将考核结果与奖励办法挂钩（例如，售货员的奖金，其他的利润分享计划）。考虑将这一结果作为销售奖金发放的主要因素（而不是以销售量为主要依据）；或至少把它作为一种"必要条件"或"否决条件"（例如，如果一个售货员在连续的顾客满意程度考核中未进入较好的一半，他或她就没有资格领取任何按销售量发放的奖金）。

9. 考核的象征性作用。主要顾客满意程度，考核结果应公开张贴在该组织内的每一部门。

10. 其他形式的考核。每一个岗位职务要求应包括担任该职的人员"与顾客联系"的定性要求，每项工作成绩的评价都应包括被考核人"面向顾客"的程度。

全神贯注地
倾听顾客意见

彼得斯认为，全新销售时代已经到来，企业发展战略也应发生相应的转变，而传统的销售战略强调得更多是"我们的产品与竞争对手不同"，而未来销售时代将是与顾客合作的时代，要全神贯注地倾听顾客意见，满足顾客的需求，以服务质量取胜。要合作，就要和顾客站在一起，为了顾客的利益销售，达成统一的目标，统一的战略，共同分享回报。

首先，我们必须：

1. 对顾客变得"透明"些（即倾听顾客的意见）：顾客包括最终用户、经销代表、分销商、特许经销代理人、零售商以及供货商。要经常倾听他们的意见。要系统地听，也要不拘形式地听。既听事实，也听见解。要"真心实意"地听。利用可以想到的各种方法倾听。

2. 确保工程师、设计师、采购员完全听到来自最接近顾客的现场（例如销售、服务、商店）的信息——不打折扣，而且接着还要采取措施。（新产品的设想大多"来自外部"——即来自顾客的头脑和实际需要，就等着有人去倾听——并采取行动。）

3. 保证自己的顾客信息系统（CIS）和通常为企业内部服务的管理信息系统（MIS）内容一样丰富，有实质性作用，而且同样得到反复商讨。

听取顾客意见，应该成为每个员工自己的事情。由于大多数竞争者行动越来越快，只有那些最愿意听取意见（并做出反应）的竞争者才能成功。

在同等重要的能力结构块中，第一个是倾听顾客意见，留心打听他们看重使用价值的实际需要，就像许多看似简单的概念一样，"倾听"实际上并不简单。要生存就必须锻炼倾听能力，所以它必须成为我们每个人的思维方式和生活方式。

传统的市场调研模式仍很重要。如果你在开发一套新的产品系列，在某个阶段就有必要把不少人召集到一间房子里，让大家接上探测皮肤反应的电针（电极），了解他们对产品的特点和外观颜色的反应。然而首先要指出的是，就连这种传统的市场调研方式也在急剧改变。利用新型的计算机仿真模型，你可以以快得多的速度，从少得多的数据中，获得多得多的信息。此外，由于数据库到处在普及，加上大量的支持软件可以巧妙地解释其中的含义，所以，几年前还只有普罗克特和甘布尔公司才能做并负担得起的数据分析工作，现在连小企业也能做了。但是，这还不是真正的问题所在。更重要的问题是，随着产品生命周期缩短，你必须较早地嗅出新动向。而且，每个员工都需要参加行动。随时准备好快速行动的企业，都是注意倾听意见的组织——不仅听取对销售和市场工作方面的意见，而且听取对工程技术和生产方面，甚至对管理信息系统（MIS）方面的意见。大多数企业还没有这样的准备，尤其是大公司。世界上许多大公司往往因为过于按部就班地倾听意见而失败；等到它们要听取意见了，别的企业早已悄悄占了市场，有一些巨型公司，正通过调整组织以便更接近市场，或通过以小组为单位进行产品开发，着手解决上述问题。

靠科学和工艺推动的公司，目前的情况更糟：（1）由于是在一个较少竞争的环境中获得成功，所以他们有一种自命不凡之感；（2）他们还有一种把"科学型"企业和"转换器型"企业（既指销售和市场开发集团，又指生产制造企业）截然分开的美国式倾向。联合信号公司的总计划师李·里维斯哀叹："美国的基础研究确实比人家做得多。但是别人却找到了更有效的方法，将（在美国创造的）科学知识变成产品、商品和服务。"别人的方法尤其是日本人得心应手地使用的那些方法，总是先倾听，他们的耳朵总是朝向应用。1987年5月期《工业周刊》报导了美国的问题："以许多人视为未来一种关键性材料的陶瓷为例，在布兹的阿兰·哈密尔顿公司高级材料专家米歇尔·埃斯克斯塔说，当美国公司把缩小陶瓷粉末粒度定为一个研究目标时，日本人却是从应用阶段入手。他注意到，日本陶瓷公司和汽车制造商一道开发有用的产品。'日本人深知，对最终用户来说，重要的不是粒度或（工艺）特性，而是可以在50小时内经受住多种不同温度的产品，或者是在一天内能磕碰50次的材料。这才是技术的杠杆作用，粒度却不是。'因此，当美国花费比日本更多的钱研究陶瓷时，日本人却在他们更有可能获得成果的地方投资，这就是日本能更快地将构思在市场上兑现的一个原因。"耳朵始终朝向应用，也就是始终接近市场。事情就是如此简单和重要。

一、怎样才算善于倾听顾客意见

在和身处动乱环境的各种管理者来往多年后，我收到的来自警官、市长、校长、医院院长和经营人员的信件已堆满好几个文件柜。其中最感人的信件是数百封谈"真诚倾听"的。事实上，假若我有一个贴着"真心转变"标签的卷宗——收藏来自那些真心转变了管理方法的管理者的信札——那么我猜想其中50%的内容将只涉及一个很窄的话题：重新走出去，抱着"老老实实"的态度倾听顾客意见。

让我们回过头来再看看菲立普·库柏，罗宾·奥尔和丹·拜尔斯。首先，善于倾听意见者都会从办公桌后面走出来，到有顾客的地方去。库柏作为销售收入为600万美元的公司总裁，6个月中走访了27个城市，和顾客面对面地接触。奥尔不只是从办公桌后面走出来，准确地说是拆除了办公桌——护理柜台。而在拜尔斯看来，街角的咖啡店同高高的传教坛是紧密联系在一起的，因而是重要的倾听场所。

其次，善于倾听意见者都会创造环境，最大限度地利用"老老实实"倾听的机会，即意见不致于失真的倾听机会。库柏听取意见是1对12——他一个人听"对方"12个人的意见。他恳求大家畅所欲言。奥尔除了设立被动倾听的途径（让病人在意见表中填写）之外，还有一个专门负责倾听意见的协调护士，这个护士负责开导病人，使他们善于提问。拜尔斯则经常从容不迫地拜访教徒家庭，光顾咖啡店，不使人感到有压力，这是他有心听取意见而不是去说教的明显表现。

最后，善于倾听意见者都会迅速地做出反馈，根据听到的意见采取行动。库柏把谈话摘要（也可以说是倾听的证据）寄给与会者。他的公司根据听到的意见迅速地改变了许多做法。在普兰特利医院，反馈则表现在护士和医生都愿意在决定中考虑病人的意见。

可见，倾听意见意味着：（1）经常出去转转（遍及与自己有关的业务范围）；（2）老老实实，深入细致地倾听（例如病人在意见表中的意见）；（3）迅速给予反馈并采取行动。

二、大力提倡倾听意见

1. 要考虑公开自己家中的电话号码。特拉斯·乔伊斯特公司是一家年销售额2亿美元的高技术林产品公司，它的一个事业部拥有数千名顾客。大约在1年以前，这个事业部送给每位顾客1张"顾客服务卡"。它很像一张信用卡，上面的图表很吸引人。表中醒目地写明事业部的免费顾客热线电话号码。此外还附有一张同样精美的塑料插页，供顾客夹在自己的姓名地址薄里。在卡片和姓名地址薄塑料插页的背面，印有10个家庭电话号码，包括总经理、全国销售经理、产品应用工程师、事业部总会计师、俄勒冈州和路易斯安那州的3个工厂厂长以及3个厂的顾客服务部经理等人的家庭电话号码。据总经理说，很多顾客都使用免费电话，但还没有人打经理们的家庭电话。

2. 搞一场"敢花钱"的竞赛行不行？也就是改变老方法，不是奖励节约的人，而是奖励敢花钱的人——把资金和时间花在倾听顾客意见上的人。对于因公驾车出差里程最多和长途电话费最多——用于走访顾客和听取顾客意见——的工厂厂长，为什么不可以奖励呢？对管人事的副总裁、经销部、中心经理和市场开发人员，也要这样做。要给那些在听取顾客意见方面表现突出者颁发职务奖金和证书，要使这项工作成为一场热烈的竞赛。

3. 拿出更多时间在市场"转转"。硅谷的雷吉斯·麦肯纳对下去倾听顾客意见要求很严格。每个市场开发人员都"必须拿出一半时间用于旅行……你只须在市场上花费时间，就能获得……第六感觉。你需要呆在市场里，呼吸那里的空气。你需要经常不断地和光顾市场的人交谈。"麦肯纳的结论是："在当今的电子通信时代，个人之间的交往比任何时候都更重要了——这真是出人意料，但却是事实。"

三、认真对待你听到的意见——并迅速采取行动

创新问题研究专家莫德斯托·梅迪克和比利·约·齐格在《研究政策》杂志上发表过《新产品的学习周期》一文，报道了对电子行业158项产品的研究结果，这些产品半数成功半数失败。许多"不成功的产品往往是技术奇迹，获得了优秀技术奖，并发表在著名刊物上"。但是他们接着说，技术上过分先进和奇特，价格太高，"几乎是所有这类产品失败的真相。"另一方面，成功的产品首先和主要是由于用户大量参与开发。例如，"在某些情况下，为获得顾客的反应所做的努力已经达到极限程度了。……一家生产测试设备的厂商把新产品的设计评价工作拿到作为主要用户的工厂去做。"其次，成功的企业在他们"创造、生产和市场销售等职能"之间相互配合得更好更快。信息反馈迅速又不失真——而且受到认真对待。

认真对待反馈仍旧是一大困难。工程师和研究人员都认为，销售人员反映顾客的想法，只不过是提供一份可能使他们（销售人员）日子更好过些的梦想式清单。高层经理必须直接干预，以保证充分听取来自现场的想法。东芝美洲公司的一个事业部就把这个观念变成了第一流的战略优势。在寻求掌握竞争优势的过程中，事业部总经理发现，他是坐在一座金矿上，这座金矿就是听取到的顾客意见——每个月有4千个电话打到他的服务中心来。他转变了"赶快处理这些电话，把他们归入档案"的传统态度，决心把这些电话看作4千个获悉顾客想法的黄金机会。他让电话服务班每月把听到的意见报告高层管理部门，这表明他的态度非常认真。他把这些信息资源（以及据以采取的行动）视为与实力更强、资金更雄厚的对手竞争时取得明显优势的基础。

四、让人人参与倾听顾客意见的活动

如果说量大面广和迅速反馈是真心倾听意见的最重要特点，那么紧接着就应当是让人人参与这个过程。倾听顾客意见不仅是市场开发、销售和服务人员的工作，在企业生产经营一端的办公室职员和机器操作工也应当参与倾听。在另一端，象牙塔里的研究人员，也应投身到这个活动中。有一家高技术公司，把一名从事研究开发的高级职员（他是认为"我能从无名小辈那里学到什么？"的典型）引导到走访顾客的活动中去。此人变得非常兴奋，于是公司总裁乘机拉他到录像机前，让他赞扬走出去访问顾客的好处。现在公司每期培训班都播放这盘磁带。

五、利用可能找到的每一个场合倾听

由此看来，不要把倾听顾客意见和市场调研工作都推给专家去干，是一个重要原则。另一个问题是怎样才算"善于倾听"。答案很明白：要利用你能想到的任何办法。一位很有成绩的银行家，是全国各地方银行业通讯刊物的热心读者。他承认自己是一个窃取者。在他那节奏很快的经营领域里，每天都出现新事物，新产品。他贪婪地阅读着，以便获得可能加以仿效的任何第一手信息。虽然他已有一个干练的市场开发部门，他还是坚持让大家传阅各种小消息，以此作出榜样，鼓励人人逐渐养成自己去倾听或进行"市场研究"的习惯。

罗伊·罗万在《依靠直觉的管理者》一书中摘引了他和一家数据服务公司主管进行的如下的谈话："研究工作从未使我感到奇怪。研究与其说是一种发现的手段，不如说是一种证实的工具。"也就是说，市场研究有它的地位，但决不能代替人人参与。苹果公司首席主管经理约翰·斯卡莱是在百事可乐公司学到管理技巧的，他说得更直率："重要的市场决策，从来不是根据定量数据做出的。"

六、必须坚持不懈

我提到过我收到的谈"真心转变"的大多数信件内容都是"倾听意见"。但即使是真心转变也还不够。加拿大一家银行的经理回顾1986年他所在地区着手实施的一项倾听计划。约有两周时间，所有经理每天都花些时间打电话问顾客："我们的工作如何？""我能帮您什么吗？"据他说，成效很大。顾客的反应好得很（"你们想到打电话给我真是好极了"），企业的士气大振，接着也出现了许多新业务。但是这位经理最近垂头丧气地找我来了。这个计划是一年前开始实施的，他刚结束对该地区的检查访问。他说："我问的第一个问题是，'（倾听）计划搞得怎样？'那人说，'真不错'。可是后来证明，这个回答的意思是，这位地区经理认为去年这一仗打得很漂亮，但今年他不搞了。我无论如何也想不通，为什么他不再搞下去呢。他不是和我开玩笑，他是个倔强的经理。我知道这项计划有成效，也知道他真心认为那是漂亮的一仗。所以我的问题是，我们怎么才能维持这个势头呢？"我回答不了，只能极力劝他抓住每个机会反复问他手下的经理们："倾听顾客意见的计划进行得怎样？"要迫使他们推进这项工作，直到它普遍推行起来为止。很显然，即便是一条了不起的好经验，也不能指望它本身能永远持续下去。

七、用词："倾听"而不是"教育人"

再没有比类似下面的多次谈话更令人恼火了：

"我们的确要更密切地接触顾客，更好的和他们交流。"

"对，我们在这方面存在很大问题。"

"顾客不了解产品的新特点。这可是明摆着的。我们只需花些时间告诉他们就行了。"

"对，你说对了，我们要教育他们。"

请注意这种迅速的降级：从（1）必须接触，降到（2）和他们交流，再降为（3）他们不了解，（4）我们要教育他们。倾听顾客意见就是这样很快变成了自己说、顾客听。

"教育人"，就是把我们的思想灌输给不懂事的学生或生手。教育人就是假定我们对自己所说的都很了解。可是我们很少人做到了这一点，至少对当今动乱世界中的顾客没有做到这一点。的确，我们清楚为什么我们认为自己的产品、服务或新特色很好；也清楚为什么他们对潜在的顾客很有益处。但是，我们能否肯定自己偏爱的特色与顾客感到的需要一致呢？一致是很少有的。顾客对我们产品的看法，是基于历史、口传信息，5年前的不愉快感受（我们早就不经意地忘掉了）等因素结合而形成的，也许还要加上我们的竞争对手新近献给他们的小殷勤，或某一"细小的"新特色，而这个新特色可能正好是这位顾客所需要的。

八、正确的思想态度：视顾客如外宾

事实上，如果我们能把顾客假想成不懂我们语言的外国人，我们的营业状况可能就好多了。他们确实不懂我们的语言。就拿来自商业银行的某人来说吧。他的一位顾客可能是承包商，另一位顾客可能是经营妇女服装礼品的商店。他们的语言和习惯显然不同。这位银行家的顾客，大概很少会说"银行家语言"。遗憾的是，我们多数人都没有真正倾听这些"外宾"的意见。更糟的是，当我们遇到一个不会讲我们的语言、又想得到我们指点的"外国人"时，我们却按习以为常的方式行事。一旦得知自己的话别人不明白，我们甚至会更大声地用自己的语言喊叫。遇到某位顾客恰好会几句我们的语言时（例如，他知道汽车里加速踏板位于何处），我们似乎就相信，我们的叫喊声再大一点，高架凸轮这一新设计的优点就可以钻进那人的脑袋了。我们每人都有个严重的缺点——只熟悉自己的产品，大概还视若珍宝。毕竟我们是和自己的产品朝夕相处。但是这往往使我们不清楚，为何顾客会讨厌或喜爱这个产品。我们的顾客是通过完全不同的一组镜片看产品的。教训顾客是行不通的，只能倾听意见和改进产品。

九、以倾听意见为乐事

倾听意见甚至可以成为一种乐趣！这也是推行"重点推销商品"计划的原因所在。沃尔玛商店的营业发展非常显著，在短短15年中，年销售额从5000万美元增至150亿美元以上；同期内所属各地的分店从15个增至1000个。像这样迅速增长的企业，如今100个有99个会出现经理人员和市场脱节的状况——脱节蕴含着最终衰败的种子。可是沃尔玛是由不屈不挠的萨姆·瓦尔顿领导，它成功地战胜了增长的副作用，就像已知的其他成功企业一样。那种可怕的"泰姬陵现象"没有出现：沃尔玛设在阿肯色州本顿维尔的"总部"建筑物，每一细小之处都保留着十年前的斯巴达风貌。

然而在沃尔玛公司防止公司动脉硬化的一切措施中，我最欣赏的是"重点推销商品"的活动。公司每一位高级经理（从1985年起还包括他们的配偶）都从商店的售品中挑选一件作为自己今年直接推销的商品。例如，萨姆于1985年就选定五加仑塑料鱼饵桶（根据他的职位，他须选定3件而不是1

件）。他要负责跟踪这些商品全年的市场进展情况，负责督促商店经理积极推销，负责为这些经理出主意如何展销和定价，只要他到一家商店，就要负责检查该商品的销售情况。

这项计划最有益的效果就在于，它使公司的高层管理人员非常直接地经管业务。总而言之，沃尔玛的每一位主管经理仍然是从事基层实际工作的商品管理员，围绕"重点推销商品"计划的大量宣传也促进了这个效果。每位经理必须公开说出自己选定的直接过问的商品。他们还必须在众目睽睽之下定期地诚心诚意地跟踪销售额和毛利润，并且汇报这些工作——无论是好是坏，这项计划很有乐趣，要求把人"卷进去"。它还使管理者变得温和而谦卑。有些商品彻底失败了。萨姆新近选定的一件商品就失败了。这项计划因而有效地提醒了当权者：在他手下工作人员生活的现实世界里，总有一些难以预料的变化在发挥强大的作用。

总之，全神贯注地倾听顾客意见有三个主要目标：（1）迅速形成一个面向应用（实用）的构思新产品的源泉；（2）让每一个部门都真诚地与大量事物保持接触，密切注视许许多多这样的问题：它们（a）给顾客带来烦恼，（b）同时又提供了改进的机会；（3）鼓励组织中每个员工毫无例外地和顾客打成一片——要知道，正是他们实际在支票上签名向我们付款。

06

战略管理和经理角色
学派的主要代表人物

——亨利·明茨伯格

组织管理和战略管理
领域的权威管理学家
——亨利·明茨伯格

亨利·明茨伯格于1939年出生于加拿大，在管理学界，他常常被冠以叛逆者的角色，他不仅是全球享有声誉的管理大师，更是经理角色学派的著名代表人物。他的远见卓识具有原创性，在管理领域常提出打破传统及偶像迷信的独到见解，是经理角色学派的主要代表人物。他于1961年在加拿大蒙特利尔麦吉尔（McGill）大学获机械工程学士学位，1962年获乔治·威廉士大学文学学士学位，1965年获美国麻省理工学院管理学硕士学位，1968年获该校斯隆管理学院博士学位。另外，维也纳大学、洛桑大学等9所大学均授予了他荣誉学位。明茨伯格长期在加拿大麦吉尔大学任教，现为该校管理学教授及法国枫丹白露INSEAD大学的管理学教授。他担任着《战略管理》《管理研究》《一般管理、经济和工业民主》《行政管理》《企业战略》等杂志的编委，他还是加拿大皇家学会会员。

明茨伯格的家世并不显赫，父亲是一家生产女装的小公司的管理者。当明茨伯格还是个孩子时，他就想知道父亲在办公室里做些什么。他在1993年所写的自传中表明，那只是一时的好奇而已，和他后来走上管理学的道路并无必然关系。

通过查找相关资料，我们发现明茨伯格并不像其他许多优秀的天才那样，从小就表现出了超乎常人的能力，他只是一个普通的孩子。高中毕业以后，因为喜欢拆开东西，明茨伯格进入位于蒙特利尔的麦吉尔大学攻读机械工程学，成绩中等偏上。毕业后，他在加拿大国家铁路公司（Canadian National Railways）从事操作研究工作。在此期间，他的兴趣逐渐转向人们如何工作上。

MBA教育最早是在哈佛商学院出现的，之后表现出了强劲的发展势头，到了20世纪60年代，开始走红全世界。也就在那个时候，明茨伯格在叔叔杰克的鼓励下，到MIT（麻省理工学院）攻读管理学，他的人生轨道也由此改变。拿到博士学位后，明茨伯格回到了麦吉尔大学任教。他的"离经叛道"在1973年出版的第一本书中就初见端倪，当时大约有10多家出版社拒绝了他的这一著作。

明茨伯格独辟蹊径，他观察到很多成功的管理者其实都将大部分的时间用在如何应对危机上，这个观点只到最近一个时期才被管理界所认同。教授们一般都善于提出具有挑战性的问题，而明茨伯格却一直在完善答案。他把整个学术生涯都致力于了解管理者如何决策以及他们如何制定公司的发展战略上。

为了激励自己，明茨伯格把他的未来设想付之文案，并把它保存在了保险柜里，这个事件发生在1998年。某一天他可能会打开它，看看自己是否完成了心愿。其中一条就是"改变管理教育"。当我在越洋电话中问他是否打开了保险柜时，教授笑着说："还没有，我也不知何时会去取。纸上的不少目标都很有野心，但未必能实现。"

通过查证资料，我们发现了一个很奇怪的问题，明茨伯格的家里没有一个成员在从事与MBA有关的职务。妻子Sasha是电信方面的管理者，她非常理解丈夫的工作。而两个女儿Susie和Lisa从事的是心理健康和表演方面的工作。

明茨伯格的相关事迹非常引人关注，事迹鲜明，思想也非常独特。他的第一本著作《管理工作的性质》曾经遭到15家出版社的拒绝，但是，它现在已是管理领域的经典。在管理领域浸淫30年，发表过近100篇文章，出版著作10多本，在管理学界是独树一帜的大师。明兹伯格一直都以他在管理领域所提出的大胆、创新和颇具开拓精神的观点而被世人所瞩目，他的思想非常独特，人们按常规思路往往不太容易接受。也正因如此，他被很多正统学者认为是离经叛道的代表人物。

2000年，荣获杰出学者奖，这一荣誉是由管理学会颁发的。

1998年，明茨伯格被授予加拿大国家勋章（加拿大最高荣誉）与魁北克勋章。

1995年，明茨伯格的新作《战略规划的兴衰》获得管理学会的乔治·泰瑞奖，这一荣誉同样由管理学会颁发。

1980年，明茨伯格以管理学教授的身份加入加拿大皇家协会。

明茨伯格现就任于加拿大麦吉尔大学管理学院，同时他也是克雷霍恩大学讲座教授和位于法国的欧洲工商管理学院（INSEAD）的客座教授。

明茨伯格管理学硕士学位和博士学位都是在麻省理工学院的斯隆管理学院获得的，他在欧洲工商管理学院、伦敦商学院、埃克斯·马赛大学、卡内基·梅隆大学和蒙特利尔高等商学院等学校担任访问学者。

明兹伯格管理思想的崭新观点带给管理学界的触动可谓是非常惊人的，人们做了一个非常形象的比喻——犹如当年美国著名的抽象表现主义画家杰克森·波洛克的绘画带给当时艺术界的震撼一样。每次当明兹伯格提出任何新的理论和观点之时，整个管理界都会为之沸腾，如今依然如此。

由于明茨伯格管理思想的远见卓识，世界许多极富盛名的名校都在聘请他讲学和做学术研究。明茨伯格是第一位当选为加拿大皇家社会学协会会员的管理学研究方面的学者，他曾四次在《哈佛商业评论》上发表文章，其中两次获得"麦肯锡奖"。1988年至1989年间，他曾经担任战略管理协会主席，就在他的领导地位得到肯定之后，他却宣布了战略管理衰落的概念。围绕明茨伯格一生的是他非常异于常人的管理理论，"管理领域伟大的离经叛道者"，可能是后人对他最好、最贴切的称谓了。

明茨伯格对于
经理工作的分析

明茨伯格《经理工作的性质》是一本见解非常深刻和精辟的论著，在此书中明茨伯格全面阐述了经理工作的特点、经理所担任的角色、经理工作中的变化及经理职务的类型、提高经理工作效率的要点、经理工作的未来等，并评价了其他管理学派有关经理职务的各种观点。他所讲的"经理"，是指一个正式组织或单位的主要负责人，拥有正式的权力和职位。至于"角色"，则如明茨伯格在该书中所解释的："角色这一概念是行为科学从舞台术语中借用到管理学里来的。角色就是有一定职责或地位的一套有条理的行为。"演员、经理和其他人的角色都是事先规定好的，虽然人们可能以不同的方式来解释这些角色。

1. 经理工作的共同特点。明茨伯格在《经理工作的性质》一书中指出，不论是哪种类型的经理，其工作都有以下6个特点：

（1）工作任务繁重，工作节奏紧凑。因为经理是一个部门的中枢，需要处理许多的事务，所以导致经理常常工作任务繁重，工作节奏紧凑。因而必须毫不松懈，保持紧张的步调，经理们很少有休息的时间。高级经理尤其是这样。

经理的工作节奏是十分紧凑的，他需要广泛接触外界，随时应对突发状况，自始至终都要保持一种高速率的运转。工程师的设计或律师的案件都有个终结，而经理必须永远前进，永远不能肯定何时已获得成功或何时可能失败，必须永远以紧张的节奏工作。

（2）经理工作的肤浅性。由于经理工作不像一般工人工作的性质，容易导致中断性、多样性、不连续性，经理做出某种决定是要计算机会成本的，所以一般来说，经理不愿做出某种改变，这样必然造成经理工作中的肤浅性。

（3）注重现实活动，以便获得最新信息。经理工作角色的特殊性质，导致其职业的敏感性，经理倾向于把注意力和精力放在现场的、具体的、非常规的活动上。他们强烈希望获得最新信息。因此，他们经常通过闲谈、传闻、推测等来收集非正式的、及时的信息。从总经理们对时间的安排也可以看出这一点。有项调查表明，在总经理的14次口头联系中，只有一次是事先计划的，其余13次都是有关现实问题的非常规活动。

（4）以口头交谈的形式来进行相关工作。经理在平时的工作中有许多处理事件的形式，包括邮件（书面通信）、电话、未经安排的会晤（非正式的面谈）、经过安排的会晤（正式的面谈）以及视察（直观的）。这几种处理方式有很大的差别：书面通信要使用一套正式的语言，并要过很长时间才能得到答复；口头交谈（包括电话交谈）则除了话语中所包含的信息以外，还能通过音调的变化和反应的快慢来传递信息；当面交谈则还可借助表情传递信息。

（5）将串联上下级之间的关系看的比较重。经理处于企业职位的中间层，需要处理诸多关系，一般来说，经理需同三个方面维持信息联系。这三个方面是上级（总经理的上级是董事会）、外界（指经理所管理单位以外的人们）和下属。经理实际上处于其下属和其他人之间，用各种方式把他们联系起来。调查材料表明，经理与下属进行联系所花费的时间占相当大的比重，通常占他们全部口头联系时间的1/3～1/2，而他们与上级联系的时间一般只占1/10。他们与外界联系的时间通常比同下属联系所占的时间还要多，占全部联系时间的1/3～1/2。

（6）承担责任和行使权力。就像一个国家的公民一样，作为一个部门的经理需要承担责任和行使权力。经理的责任很重大，经常有紧急事务要处理，似乎很难控制环境和他自己的时间。但他也有很大的权力。他可以采取一些措施，在解决问题的过程中想出一些新的主意，把问题变成机会，为企业的发展服务。

2.经理的角色。经理一般担任10种角色，这10种角色可分为3大类：

（1）人际关系方面的角色，包括挂名首脑的角色、领导者的角色（激励与指导下属）和联络者的角色（与利益相关者保持接触）。

（2）信息传递角色，包括监听者的角色（接受大量信息，作为组织内外信息的神经中枢）、传播者的角色（把信息传给其他组织成员）和发言人的角色（向外界发表信息）。

（3）决策角色，包括企业家的角色（从组织和环境中寻找机会发动能带来变革的计划）、混乱处理者的角色（面临重大、意外混乱时负责采取正确计划）、资源分配者的角色（做出或批准重大决策）和谈判者的角色（在重要谈判中代表组织）。

这10种角色不是分割开来和相互区分的，更多时候他们之间是一个相互联系、密不可分的整体。人际关系方面的角色产生于经理在组织中的正式权威和地位。这又产生出信息方面的3项角色，使他成为某种特别的组织内部信息的重要神经中枢；而获得信息的独特地位又使经理在组织做出重大决策（战略性决策）中处于中心地位，使其得以担任决策方面的4项角色。

从上面列举的林林种种角色来看，经理需要做的事情很多，要承担许多专业性的责任，既是通才又是专家。

经理除了要完成上述10种角色之间的互相转换问题以外，还要对自身制定一个基本的6项目标：保证组织有效率地生产出某些产品和服务；设计并维持组织业务的稳定性；使组织以一种可控制的方式适应变动中的环境；保证组织实现控制那些人的目标；充当组织和环境之间的关键的信息环节；使组织的等级制度运转。

3. 经理工作的权变理论。明茨伯格认为，各种类型的经理职务既有共同性，又有差异性，但共同性大于差异性。为了全面地认识经理的工作，对其差异性也必须加以分析。

影响经理职务的有以下四类因素：

（1）环境方面的因素。可能影响经理职务的环境因素很多，如周围环境的文化、产业部门的结构、竞争、科学技术的发展、工艺类型、组织的年龄和规模的大小等。

（2）职务方面的因素，诸如特殊职务所担负的职能、职务的级别大小等。

（3）个人方面的因素，由于个人性格差异所导致的个性和风格上的不同等。

（4）情境方面的因素，包括许多与时间有关的因素，及某项职务暂时的特点。

4. 经理职务的8种类型。在明茨伯格的理念中，他认为经理职务的诸多变化都可以用以下的8种类型来概括。

（1）联系人。他们的两种主要角色是联络者角色和挂名首脑角色，许多销售经理属于这种类型，服务行业的一些经理也属于这种类型。

（2）政治经理。这部分经理需要同不同的组织和政治势力进行协调和沟通工作。这种政治经理的关键性角色是发言人角色和谈判者角色。绝大多数政府机构和公共机构（包括大学和医院等）的高层经理都属于这种类型。

（3）企业家。这部分经理需要面对市场形势和经济大环境，随时变换企业发展模式，实行变革。他的关键角色是企业家角色，同时在谈判者角色上也花费相当多的时间，以便实行他所倡议的变革。

（4）内当家。这种类型的经理常常关注的是企业内部的诸多问题，协调好内部的诸多事务，以维持内部业务的平衡进行。他们把时间大都用在建立机构、培训人员、监督下属正常进行作业上。他们主要通过资源分配者角色来进行工作，同时也承担一些领导者的工作。企业的高、中层的生产经理和业务经理就属于这种类型。

（5）实时经理。顾名思义，这种类型的经理是致力于保证组织日常工作的持续开展。虽与"内当家"差不多概念，但又有有所不同，他特别重视故障排除者角色。

（6）协调经理。这种经理主要是负责协调、沟通、串联组织内部的各种关系，其目的主要是创造出一个团结一致的整体并有效地进行作业。

（7）专家经理。在某些情况下，一个经理除了担任通常的经理职务以外，还必须担任一个专家的职务。这种经理往往是一个专家参谋集团的首脑，在大组织中作为专业化信息的一个中心行事。他在专业问题上对其他经理提供建议和咨询。他的关键角色是信息接受者和发言人角色。

（8）新经理。这是新担任经理职务者。新经理在开始时缺乏联系和信息，集中精力于信息接受者和联络者的角色，试图建立起经理工作的联系网络和信息基地。

5. 经理工作的科学程序。如何做一名合格的经理人，是一个永远让人探寻的问题，虽然还没有一个明确的路径可供遵循，但可以用高级程序的语言加以描述。经理使用一个具体的程序——安排时间的程序——来控制他的一切活动。除此之外，他很可能使用特定的程序来达到特定的目的。管理科学要求将管理工作的各个过程加以区别，明确各个过程的内容，再将各个过程结合起来，做出管理工作的模拟。管理科学家需要把各个具体过程加以系统分析和改进（重编程序）。虽然这方面的探寻进程是十分缓慢的，但面对具体情境做出适时的改变还是十分必须和必要的。

通过综合分析，我们总结发现，一个成功的经理人定做程序最起码应将以下两个技能——经理的能力和分析者的技能完美结合起来。经理和分析家可以在"寻找问题和机会、对于拟建项目的成本和效益做出估价、建造模型、为可能发生的事件做计划、分析真实时间、监视改进项目以及发展适应性计划"等方面进行合作。

6. 经理工作效率提高的10大切入点。

（1）与下属共享信息。每个部门职能划分都是不同的，这就导致作为部门下属很难获得全面的信息。他们尤其期望从经理那里得到两种特殊的信息：一是组织的准则，二是组织的目标和计划，以便借此拟订出自己的目标和计划。所以，经理必须采取适当的途径把自己掌握的信息传达给下属。信息传递可以通过两种途径进行：一是口头传达，如定期的传达报告会、碰头会等；二是把自己所掌握的信息形成书面文件，以便传递给需要的人（包括在海外子公司或分支公司中工作的下属）。经理在与下属共享信息方面，必须在失密的风险与下属掌握信息而使效率提高之间权衡利弊，以定取舍。

（2）切忌做表面性的工作。视具体情况，一般来说，一个合格的经理人可以把工作分成三类来处理：一些一般性的工作可以授权给别人去做；一些工作需要亲自过问，但不必花费太多的时间，可由下属拟订方案，自己作最后的审批；对那些最重要、最复杂、最敏感的问题，经理必须亲自处理，比如机构改组、组织扩展、大矛盾事件等问题。

（3）经理可以把职务权能分配给其他别的人员，以分流经理工作，缓解经理的压力。克服经理工作负担过重的一个办法是由两三个人来分担经理职务，称"两位一体""三位一体""管理小组""总经理办公室"等领导体制，其中"两位一体"的形式尤为普遍。

（4）集中各项职能，全力为组织目标做出努力。

（5）将不太重要的事务摆放在一边，以便拥有更多的时间去办理更有益于组织目标实现的事情。经理有责任来保证他的组织既能有效地生产今天所需的商品和服务，又能适应未来，得到发展，而这需要有时间规划未来。

（6）经理人要视具体情况做出有利于组织目标实现的决策，做到有的放矢。

（7）经理人还要有全局观念，然后在全局的视野下把握具体情节，收放自如。他必须把具体情节汇合起来形成自己的整体概念。为了做到这点，他除了掌握必要的信息以形成自己的模型以外，还要参考别人提出的各种模型。

（8）经理人要明白自己在组织中的地位，以及自己的言论可能会对下属产生什么样的影响。下属对经理的任何言行都是极为敏感的，所以，经理要充分认识到自己对组织的影响，谨慎从事。这点不但适用于小型组织，也适用于大型组织。

（9）存在许多可能会对组织产生影响的力量，作为经理人要合理处理各种关系。对组织施加影响的力量包括员工、股东、政府、工会、公众、学者、顾客、供货者等。经理必须对这些力量的利益和要求加以平衡，并妥善处理。

（10）合理利用管理学家的有关科学管理知识。经理在实际的工作当中，免不了会面对各种情况，运用科学的管理学先进理念，就可以运筹帷幄，处理好各方面的问题。

明茨伯格关于
战略管理的经典论述

明茨伯格关于战略管理的论述也是比较深刻和经典的，一般来说，他还将战略管理理论分为十大流派，即：设计学派（将战略形成看作一个概念作用的过程）、计划学派（将战略形成看作一个程序化过程）、定位学派（将战略形成看作一个分析的过程）、企业家学派（将战略形成看作一个预测的过程）、认知学派（将战略形成看作一个心理的过程）、学习学派（将战略形成看作一个应急的过程）、权力学派（将战略形成看作一个协商的过程）、文化学派（将战略形成看作一个集体思维的过程）、环境学派（将战略形成看作一个反应的过程）和结构学派（将战略形成看作一个变革的过程）。

如果按照类别来划分，这十个学派可以划分为三类，遵循既定的原则，我们来进一步说明。前三种为说明性的学派，摒弃一些必要工作，注重如何表述的问题。中间六个学派，不空谈理想，专注于制定和执行。最后一组只有结构学派，这一学派崇尚综合，将战略的各个部分，如战略制定过程、战略内容、组织结构和组织关系等集中起来，归结成清晰的阶段和时期。

明茨伯格在组织管理学方面的主要贡献——对管理者工作的分析。1973年，明茨伯格的著作——《管理工作的实质》一炮震响了整个管理学界，书中揭示了管理者的三大类角色：人际角色、信息角色、决策角色，翔实考察了管理者的工作及其对组织的巨大作用，并且进一步对怎么样才能提高管理效率为管理者提供了建议。

明茨伯格在1983年出版的《五重组织》一书中，就着重描述了他的整个战略思想，在该书中，他明确指出："企业应该废除传统的界线和职能上的分工，等级制度已经过时了，如今最有效的组织形式就是非正规的、不定型的团队，这些团队有频繁的人员更替，而且当旧的问题渐渐隐退，新的问题浮出水面时，团队的工作内容也会发生相应地变化。"明茨伯格将此种不甚清晰的工作环境命名为"临时委员会组织"以有别于"官僚组织"。

从最原始的意义上来说，制定战略都应该是企业高层的职责，任何策略的出台都是由他们来主导的，对此，明茨伯格持否定的态度，他的理论矛头直指僵硬刻板的战略方针，战略方针虽然还没有被完全淘汰出局，但他在《战略性计划的沉浮》（2000年）中已经宣布了它的死亡，战略性计划的失败是不可避免的，因为战略和计划是矛盾的对立面：战略是综合，计划是分析。战略时常会挫伤人们的积极性，让那些对未来美好的设想都变成一种负担。

明茨伯格即使对很正统的管理学教育也有不赞同的地方，他有一句颇为经典的话："MBA因为错误的原因用错误的方式教育错误的人。"他毫不掩饰自己对MBA这个头衔的态度，他曾经说过，受过MBA教育的人都应该在自己的前额纹上骷髅和交叉骨头标志，下面再注明："本人不能胜任管理工作。"他的批评言论都收集在《管理者，而非MBA》（Managers Not MBAs，2004）一书中，他说："坐在教室里学不到领导一个企业的方法。"领导力和管理是密不可分的。明茨伯格的批评和提醒让整个管理学界都大为震动，在实际行动上，他们已经忽略了其不够合理的一面，而更多地将管理学转化为一门科学，或者是一种职业。

明茨伯格对传统的商学院教学模式也是大加否定的，他说，在很多时候，商学院教的都是一些浅显功能上的东西，对管理实践本身一点用处都没有，这样的教导，结果容易导致学生唯利是图和漠视社会责任。明茨伯格对管理咨询也非常不满，他认为传统的MBA毕业生就像病毒一样从机体内部摧残管理实践，他们使公司对其他形式的管理方法视而不见，培训经理的方法也单一化。明茨伯格不是以一个旁观者的身份来责难MBA教育，他更是亲身力行，在麦吉尔大学建立了国际实践管理教育等一系列管理培训项目，这些项目专门是为世界顶级公司管理人专门设计的。

07

企业文化管理理论
与实践的双料大师

——詹姆斯·柯林斯

斯坦福大学商学院杰出教学奖获得者

——詹姆斯·柯林斯

詹姆斯·柯林斯的家乡位于美国科罗拉多州博尔德市，他人生丰硕成果的获得得益于他在斯坦福大学7年的锻造。他于1988年进入斯坦福大学商学院，教授企业文化，先后多次荣获该学院的"杰出教学奖"。同时，他在加利福尼亚的帕洛阿尔托有着自己的管理教育和咨询公司，而且也曾在默克公司、星巴克、时代明镜集团、麦肯锡公司等世界知名公司担任高级经理和CEO。提到他，人们更多的会说他不仅是一位管理理论大师，更是一位实践经验丰富的双料管理学大师。

詹姆斯·柯林斯的主要管理思想都体现在他与杰里·波勒斯共同编著的《基业常青》一书中，该书曾创造了在商业类畅销书排行榜上停留了6年的奇迹，此后，柯林斯回归故里，组建了一家私人管理研究室，从此就在这里工作。

詹姆斯·柯林斯不是一位高产作家，但我们发现，他出的每一本论著都是极富影响力的，堪称经典。他的《基业长青》一书刚出版，就登上了美国经管类畅销书榜单，并且迅速成为国际畅销书，引起了全球企业家、经理人、投资者、新闻记者和商学院师生的广泛兴趣。《今日美国》称其为"继《追求卓越》之后最引人瞩目的企业研究力作"。在《从优秀到卓越》一书中，詹姆斯·柯林斯谈及了所谓"第五级领导"，他认为第五级领导人具备了双重特质：即宅心仁厚，但意志坚强；谦恭为怀，但勇敢无畏。除了以上列举的专著以外，他还有《超越创业精神》《从优秀到卓越》等一系列优秀书籍，在这类书籍中，他更多的描绘了优秀公司实现向卓越公司跨越的宏伟蓝图。

在柯林斯极有代表性的论著《基业长青》一书中，为了很好的让读者明白他所阐述的思想，他运用了非常有趣的分类比较法，通过对等选出18个和每一个公司有比较相同的行业特点、发展经历的对比性公司进行研究，得出了如下结论："这些公司之所以能够在长期的竞争中处于遥遥领先的地位，原因在于：第一，他们的创办人主要致力于建立一个组织，而不只是推出一种获利的产品。第二，他们都有指引、激励公司上下的核心理念，利润变成了生存的必要条件，但不是作为最终目的而存在，他们用理念指引公司，具有利润之上的崇高追求。第三，他们都拥有教派般的文化，他严格挑选和要求员工，给员工灌输信仰，并要求严格符合公司的理念，从而组成精英团队。第四，他们有优越的内部人才培养机制，而且用内部晋升来保持公司核心理念的连续性。所以他们很少需要从外部来聘请经理人。调查中的18家公司在总共长达1700年的历史中，有14位CEO来自于内部晋升。"

大企业的成功都是由中小企业一步步发展起来的，但有一点，发展要遵循什么路径呢？在这个问题上，我们不得不说，最有发言权的肯定是詹姆斯·柯林斯。多年的潜心研究，使柯林斯对企业的发展规律积累了无人能比的深刻认识，他认为成功的唯一道路就是清晰的思路、坚定的行动；那些带领一家优秀公司发展为伟大公司的领导者往往谦逊但有韧性、质朴但是无畏，谦虚＋意志＝领导力……

造钟，而不是报时

讲到这一小节，我们首先来举一个非常符合这个主题的例子，以便让读者更加明白此主题。假如一位有特异功能的人，他在白天或晚上的任何时候，都能够依据太阳和星星说出正确的日期和时间。例如说："现在是1508年8月3日，凌晨1时36分05秒。"我们一定会佩服他惊人的能力。但是假如这个人不报时，转而制造了一个永远可以报时、甚至在他百年之后仍然能报时的时钟，岂不是更令人赞叹不已吗？怀抱一个绝佳的创意，或身为高瞻远瞩的魅力型领袖，就像是"报时"；在现实世界去真正的创办一家公司，使公司发展蒸蒸日上，好比是"造钟"，去实践创办公司的人一般都是制造时钟的人，而不是报时的人。他们主要致力于建立一个组织，一个会滴答走动的时钟，而不只是找对时机，用一种高瞻远瞩的产品构想打进市场，或利用一次优秀产品生命周期的成长曲线；他们并非致力于取得高瞻远瞩领袖的人格特质，而是采取建筑大师的方法，致力于构建高瞻远瞩公司的组织特质；拥有实际操作能力的人的最大乐趣不是去满足个人的私欲和某些特殊想法，而是创造一个实体，去创造一个可以代表一切、永恒的实体。

能够拥有这样深刻的认识，是在破除传统的迷思的基础上得出的，正是伟大构想和魅力型伟大领袖的双重影响下的幻想，一直使管理学界得不到真正实用的东西。在一个最有意思和最重要的研究结论中，我们发现，要创造和建立高瞻远瞩公司，绝对不需要伟大的构想，也不需要伟大的魅力型领袖。事实上我们发现，魅力型领袖带来的伟大构想和建立高瞻远瞩公司之间可能是负相关。我们发现了这些，无疑是发现了最有价值的东西，对于破除传统的价值观和不正确的理念是一个极富意义性的突破。

一、"伟大构想"的迷思

为了更好地说明问题，我们接下来一同来看下面几个例子。

1937年8月23日，惠普公司的两位创始人休利特和帕卡德刚刚毕业，没有多少商业经验的工程师们聚在一起，商讨成立一家新公司，但是对公司要做什么产品，他们却没有明确的概念。他们只知道两个人想创立一家公司，从事范围广泛的电子工程业务，他们大动脑筋，想出很多种产品及想像中的市场潜力，但是他们没有令人激赏的"伟大构想"。休利特和帕卡德决定先创立公司，再考虑应该制造什么。他们只是开始向前走，尝试做任何可能使他们赚点钱以脱离草创阶段和付得出电费的东西。休利特说："我偶尔和商学院的人提起这段经历。我说我们创业时没有任何计划，我们是地地道道的机会主义者。管理学教授听了都大惊失色。那时候只要能赚钱，我们什么都做。我们做过保龄球越线指示器、望远镜时钟驱动器、马桶自动冲水器，还有一种让人减轻体重的震荡器。当时我们是这样子的，大约有500美元的资本，设法做些别人认为我们或许能做的东西。"

结果是令人沮丧的，保龄球越线指示器、马桶自动冲水器和减肥震荡器都没有得到很好的市场回应。事实上，这家公司辛辛苦苦地摸索了将近一年，才做了第一笔大买卖，向迪斯尼公司卖出8部声音示波器，在电影《幻想曲》里使用。即便是这样，惠普公司都没有一个固定的构想，而是继续以无目标的状态继续摸爬滚打，一直到20世纪40年代初，期得到战时的国防合同，公司才发展壮大起来。

德州仪器的发展壮大也不是依靠拥有一个绝佳的"伟大构想"，他们的成功来自于一种实体的创业产品。德州仪器的前身地质服务公司在1930年创立，是"第一家独立经营、制造探测油田的震测反应器的公司，公司的德州实验室开发和生产这种用途的仪器。"德州仪器的创办人跟休利特和帕卡德不同，他们创立公司的目的是要利用一个特别的科技和市场机会，而惠普并非如此。

索尼的成功也没有遵循特别的"伟大的构想"，在井深大初创之时，压根就没有特别的产品构想。井深大和7位创业时的员工在公司成立之后，长时间开会，想决定要制造什么产品。公司成立后不久加入的盛田昭大说："一群人坐在会议室……开了好几个星期的会，设法想出这家新公司可以做的业务，好赚点钱经营下去。"他们考虑过很多种可能性，从绿豆汤到小型高尔夫球机和计算尺都有。不仅如此，索尼尝试的第一个产品（电饭煲）不能顺利使用，第一个重要的产品（录音机）在市场上也销售失败。索尼在创业初期，勉强靠着在布里缝上电线，制造粗糙但是有销路的电热毯维持生计。健伍的创办人和索尼的井深大相反，心里似乎想好了一种特别的产品。他在1946年创业时，把公司定名为"春日无线电器公司"。根据《日本电子年鉴》，"健伍公司始终是音响科技方面的专业先驱。"

萨姆·沃尔顿和井深大、休利特都是取得巨大成就的杰出人物，但是我们发现他们在创业初期，都没有一个固定的构想，凭借的都是自身的热情。他可不是在某一天醒来后说："我有这种伟大的构想，要根据这一构想创立一个伟大的公司。"绝非如此。沃尔顿在1945年起家时，只是在阿肯色州纽波特这个小城里拥有一家富兰克林加盟杂货店。沃尔顿在《纽约时报》的访问中说："我对自己要创立的事业规模没有任何梦想，但是，我总是有信心，认为只要做好工作，很好地对待顾客，我们的前途一定无量。"沃尔顿从一家商店开始，一步一个脚印地积累力量，直到他创立公司近20年后，乡村折扣连锁商场的"伟大构想"才自然地跳了出来。他在其传记《美国制造》一书里写道："经过这么多年后，大家多多少少得到一种印象，认为沃尔玛是我在中年时凭空想象出来的，认为就是这个伟大的构想一夜之间变为成功的故事。但是（第一家沃尔玛百货商场）完全是出自我们从1945年以来一切努力的自然发展——这是我不能完全让事情自然发展的另一个例子，是另一个试验，而且就像大多数一夜成功的故事一样，沃尔玛大约经过了20年的酝酿。"

举一个非常具有讽刺意味的案例是，美利坚百货的发展轨迹就是与沃尔玛反其道而行之，但结果却是令人反思的。在乡村折扣零售商场方面，美利坚百货一开始就领先沃尔玛长达4年之久。事实上，米尔顿·吉尔曼和欧文·吉尔曼1958年创立美利坚百货时，就是怀着一心要拓展乡村折扣零售事业的"伟大构想"，他们"相信折扣商场在小城镇应该会成功"，而且他们公司营业的第一年，就创造了100万美元的销售额（沃尔顿1962年才开设第一家乡村折扣零售商场，在此之前，他只是经营若干附设在城镇主要大街的小型杂货商场）。美利坚百货也不是唯一走在沃尔玛前面的公司。根据沃尔顿传记的作者范斯·特林布尔的说法，"（1962年时）已经有别的零售商在尝试做他正要做的事情，只是他做得比任何人都好"。

惠普、索尼和沃尔玛的成功是对传统的那种"伟大的构想"的神话的当头棒喝。这个神话主张：开创高度成功企业的人士通常一开始就有一个高明的构想（技术、产品、市场潜力），并且利用了一次优秀产品生命周期的成长曲线。这一神话的出现以及相辅相成的东西是令人崇尚的，但是无数事实证明，这一概念并不是经久不衰的传奇而历久弥新。

事实情况也正如上述谈到的那样，在一些一开始就具有远见卓识构想的大企业中，仅仅只有少数的几家获得了成功。威拉德·马利奥特有意自行经营商业，却不清楚自己该进入哪一行，最后决定做他所能想到的唯一可行的构想：取得加盟合约，在华盛顿开设一家艾德熊饮料小店。约翰·诺斯特龙刚刚从阿拉斯加淘金回来，不知道自己还能做什么。诺世全公司创立时只是西雅图市区一家小鞋店，仅有一个店面。默克创办时只是一家德国化学药品的进口商。宝洁创立时只是一家肥皂和蜡烛制造厂——1837年时，辛辛那提有18家这样的公司，宝洁不过是其中之一。摩托罗拉创业维艰，为西尔斯收音机修理电池消除器。菲利普·莫里斯创立时只是伦敦庞德街上一家小小的香烟零售店。

但是，无构想而坚持实际运作过程中去探寻的企业中，在一开始极有可能会遭受一系列打击，比如索尼。3M开始时是一家失败的金刚砂矿场，公司股东持有的股票价值大跌，跌到在酒吧里"两股只能换一杯廉价威士忌"。3M不知道还能做什么东西，就开始制造砂纸，在草创期间，3M艰难到第二任总裁在任期的头11年里根本没有领过薪水。相反，3M的对照公司诺顿一创业就在迅速成长的市场上推出创新产品，而且在开业的头15年里，除了其中一年之外，每一年都稳定的分红，15年内公司的资本扩增了15倍。

威廉·波音的第一架飞机失败了（"模仿马丁公司的水上飞机，用手工制造的笨重水上飞机"，没有通过海军的测试）。在创业的最初几年里，他的公司困难到必须从事家具业务才能维持下去。相比之下，道格拉斯飞机公司创立后推出的第一架飞机就极为成功。设计这架飞机时，目标就是要成为历史上第一架不间断飞行、横贯美国东西海岸、载重超过机身重量的飞机。道格拉斯把这样的设计改成鱼雷轰炸机，大量卖给美国海军。道格拉斯和波音不同，从来不需要进入家具业以维持公司生存。沃尔特·迪斯尼的第一个卡通系列剧《爱丽丝漫游仙境》在电影院里卖座惨淡。《迪斯尼之梦》的作者理查德·席克尔写道："从任何角度来看，迪斯尼公司都是步履沉重、业务不振、产品陈腐的企业。你唯一真正能够说的是，这是一部相当平凡、靠着摄影技巧注入生气的动画片。"哥伦比亚电影公司和迪斯尼公司不同，第一部作品就获得可观的成就，这部电影是1922年出品的《慈悲胜过苛责》，只花了2万美元的成本，却有13万美元的收入，使哥伦比亚电影向前冲刺时，有相当多的现金做后盾，在不到两年内，制作了另外10部赚钱的电影。

二、无需"伟大构想"

就整个宏观调查18家伟大的企业，我们发现，只有强生、通用电气和福特汽车三家公司得益于一开始就存在伟大的构想，但是，不容忽视的一点是，即便是通用电气和福特，也使伟大构想的迷思略受打击，在通用电气的例子里，爱迪生的伟大构想最后被证明不如西屋的构想伟大。爱迪生推动直流电系统，西屋推动远比直流电优越的交流电系统，后来交流电系统在美国市场取得最后胜利。福特汽车公司的例子恰好和流行的神话相反。亨利·福特并不是想出T型车后才决定根据这个构想创立公司的，而是因为他已经有了一家公司作为事业发展的基础，才能够充分利用T型车理念的优势。他在1903年创立福特汽车公司，为的是利用他在汽车发动机方面的天分——这是他多年来设立的第三家公司——并且推出5种车型（A、B、C、F和K型车），后来才在1908年10月推出了闻名世界的T型车。事实上，从1900到1908年之间，在美国共成立了502家汽车制造公司，福特只是其中一家，当时生产汽车根本不是什么新观念。和高瞻远瞩的公司恰好相反的是，我们发现，11家对照公司的创业基础远比高瞻远瞩的公司更接近伟大构想的模式，这11家公司是美利坚百货、宝来、高露洁、健伍、麦道、诺顿、辉瑞制药、雷诺、德州仪器、西屋和先力时。

龟兔赛跑的例子论证了一个道理，在一个比较长的赛跑路程中，最终胜利一定属于对照公司，而不属于那些拥有高瞻远瞩理念的公司。

假如你想做一个拥有光明前途的大事业家，还在为因为没有一个合适的"伟大的构想"而迟疑不前，我们建议你应该放下这种心理，大步向前，集中你的注意力，最后，你会发现一个十分成功的企业已经在你的麾下了。

三、公司才是终极的创造

许多成功案例给传统商学院教导学生创业的模式一个狠狠的巴掌，他们将战略管理和创业精神等一系列课程驳斥得体无完肤，必须用不同的眼光审视过去的世界；必须改变看法，从把公司视为产品的桥梁转变为把产品看成是公司的桥梁。

用另外一种表达方式就是，我们一定要对报时和造钟之间的诸多区别有一个深刻和清醒的认识。

为了能对报时和造钟之间的诸多区别有一个翔实的认识，我们可以拿早期的通用电气和西屋来做一个比较。乔治·威斯汀豪斯在产品方面是个高瞻远瞩的人才和多才多艺的发明家。除了西屋公司外，他还创立了59家公司。此外，他也有洞察未来的神通，预见到世界会采用比较优秀的交流电系统，不会采用爱迪生的直流电系统，后来事实果然如此。但是，拿西屋和通用电气的第一任总裁查尔斯·科芬相比，科芬没有发明任何产品，但是他提倡一个具有重大意义的创新，就是成立通用电气实验室，这个实验室号称"美国第一个工业研究实验室"。乔治·威斯汀豪斯好比报时，科芬却是造钟；西屋最大的创造是交流电系统，科芬最大的创造是通用电气公司。

机会一定会眷顾那些坚持到底的人，这是亘古不变的真理，无论是哪种途径去追寻成功，无一例外都是想要创建自己的最终成品——公司。你应该随时准备取消、修正或改进一种构想（通用电气放弃自己最初的直流电系统，改为交流电系统），但是，绝对不要放弃公司。如果你把公司的成功和某个成功的构想划上等号——很多企业人士都这样做——那么，如果那个构想失败了，你很可能会放弃公司；如果那个构想恰好成功，你很可能对它产生一种情感上的牵绊，并且在公司应该大力前进、追求其他目标时，还沉溺在那个构想中。只要是秉承创建公司的最终理念，你就会克服诸多困难，到达成功的彼岸。例如，惠普在创立之初，因经历一连串失败和勉强算是成功的产品，学会了谦虚。可是休利特和帕卡德继续摸索、坚持、尝试和实验，一直到后来才想出如何构建一家具有创新能力、足以表达他们的核心价值、并赢得能够持续创造优异产品美名的公司。他们出身工程师，本来可以追求成为工程师的目标，但他们没有这样做，而是迅速地从设计产品转型为设计组织、创造一个有利于产生伟大产品的环境。早在20世纪50年代中期，休利特在一次内部演说中就展现出造钟的观点，他说："我们的工程人员一直相当稳定，这是靠设计、不是靠机遇得到的。工程师是有创造力的人，所以，我们在雇用一位工程师之前，先保证能够让他在稳定而安全的气氛下工作。我们也要保证每一位工程师在公司里有长期发展的机会，有适当的项目可做。还有一件事，就是我们要确保公司有适当的监督，使我们的工程师过得快乐，发挥出最大的生产力……设计工程（程序）是我们最重要的产品之一……我们要推出你们从来没有见过的最佳工程计划。假使你们认为我们到目前为止已经做得很好，那就再等个两三年吧，等我们推动实验室所有的新人开始生产，所有的监督人员发挥功能，到那时候你们会看到一些真正的进步！"

在帕卡德1964年的一次精彩演说中也对造钟表达出深深的期望："问题在于，你怎样营造出一个让个人可以发挥创造力的环境？……我相信你们必须多费心思在组织结构上，以便提供这种环境。"

1973年，有一位记者问帕卡德，在公司的成长中，哪些是他认为最重要的产品决策。帕卡德的回答没有提及任何一个产品决策，他完全从组织决策方面来回答，如发展一个工程师团队、贯彻财务纪律的现金支付政策、分红计划、人事和管理政策、"惠普风范"的管理哲学等，这位记者在拟定文章的题目时，也发挥巧思，取名为"惠普董事长用设计构建公司，靠机运制造计算器"。经过以上林林总总的滚打和探索，我们不由惊奇地发现，休利特和帕卡德最终的创造品不是声音示波器，也不是袖珍型计算器，而是惠普公司和惠普风范。

一样的成功，一样的经典，一样地论证着一个事实，井深大最伟大的成品不是随身听或特丽珑电视机，而是索尼——这个享誉世界的特大品牌。沃尔特·迪斯尼最伟大的创作不是《幻想曲》或《白雪公主》，甚至也不是迪斯尼乐园，而是迪斯尼公司和让大家快乐的神秘能力。沃尔顿最大的创造不是沃尔玛的理念，而是沃尔玛公司——是这个能够大规模执行零售业理念、执行成效胜过世界上任何一家公司的组织。保罗·盖尔文的天才不在于他是杰出的工程师或发明家（他其实没有受过正式的科技训练，是自学成才、曾经失败过两次的企业家），而在于他巧妙创造和塑造一家在工程方面具有创新能力、现在叫做摩托罗拉公司的组织。威廉·普洛科特和詹姆斯·甘布尔最大的贡献不是猪油肥皂、灯油或蜡烛，因为这些东西最后都会过时，他们主要的贡献是永不过时的东西，是一个具有高度适应能力的组织。这个组织拥有由根深蒂固的核心价值构成的"精神传统"。这样的经典，这样令世人震憾的成功，是激动人心的，值得万古流芳，歌颂百代。

有一种素质是需要具备的，就是在你的脑海中，一定要把公司本身当做最后的实体，最终的创造物，如果你正致力于构建和管理一家公司，这种转变对于你如何分配时间有重大的意义，要求你花较少的时间思考特定的产品线和市场策略，多花时间思考组织设计；要求你少花时间像乔治·威斯汀豪斯那样思索，多花时间像科芬、帕卡德和盖尔文一样思考；我们可以通俗的这样说，你要少以报时人的角色出现，而应该多以造钟师的角色呈现。

我们并没有很武断地说出那些高瞻远瞩公司没有生产过杰出的东西和想法。他们的确有过，就像我们在后文中的讨论一样，他们大多把产品和服务看成可以对顾客的生活做出有用和重要贡献的东西。的确，这些公司并非只是以"成为一家公司"为存在目的，它们存在的目的是要做有用的事情。但是，我们认为，最为高瞻远瞩的公司能够持续不断地提供优越的产品和服务，原因在于他们是杰出的组织，而不是因生产优越的产品和服务才成为伟大的组织。请记住：所有的产品、服务和伟大的构想，不论多么高瞻远瞩，终究会过时。我们要强调的一点是，一家高瞻远瞩的公司只要不断开拓创新，就不会被市场抛弃，在其周期内还能继续展现应有的光芒。

我们都清楚地认识到，无论是多么优秀的个体，最终都会老去，但是一家具有高瞻远瞩理念的公司却不会消失不见。只要这家公司具有组织的力量，超越任何一个领袖，年复一年，经过十代百代，都能继续保持高瞻远瞩和活力，公司就不会衰败。

四、魅力型伟大领袖的迷思

一般来说，人们提到高瞻远瞩公司成功的必须条件时都会提到"伟大的领袖"的特殊作用，他们列举出乔治·默克、萨姆·沃尔顿、威廉·普洛科特、詹姆斯·甘布尔、威廉·波音、罗伯特·约翰逊、保罗·盖尔文、威廉·休利特、戴夫·帕卡德、查尔斯·科芬、沃尔特·迪斯尼、威拉德·马利奥特、托马斯·华森和约翰·诺斯特龙。他们认定这些CEO展现高水准的恒心和毅力、克服重大的障碍、吸引忠心耿耿的人才加入公司、影响众多人员致力达成目标，并且，在指引公司走过历史中的重大事件方面扮演了举足轻重的角色。

但是这并不是高瞻远瞩公司所独有的成功因素，通过对比，我们发现对照公司里的对手也一样！查尔斯·辉瑞、吉尔曼兄弟（美利坚百货）、威廉·高露洁、唐纳德·道格拉斯、威廉·布里斯妥（必治妥公司）、约翰·麦尔斯（必治妥公司）、先力时的尤金·麦克唐纳、德州仪器的帕特·哈格蒂、乔治·威斯汀豪斯、哈利·科恩、霍华德·约翰逊、弗兰克·梅维尔都是这样，他们也展现了极强的恒心和毅力，也克服了重大的障碍，也吸引了忠心耿耿的人才加入公司，也影响众多人员致力达到目标，在指引公司走过公司历史中的重大事件方面，也扮演着举足轻重的角色。通过研究，我们发现，不管是对照公司还是高瞻远瞩公司，在其企业内部，必然存在着杰出的"领袖"。

总而言之，我们可以肯定的一点就是，没有证据支持伟大领袖在高瞻远瞩公司重要的成长塑造期间是重要因素的假说。因此，随着我们研究的深入，我们必须拒斥伟大领袖的理论。

五、不需要魅力

在静静分析高瞻远瞩公司和对照公司之间在成功点上的不同时，我们要一起来看一个必然的规律：要成功地塑造高瞻远瞩公司，绝对不需要知名度高的魅力型领袖。事实也正是如此，通过总结，高瞻远瞩公司历史上许多最重要的CEO，并没有完美的、高知名度、魅力型领袖的人格特质。

威廉·麦克奈特就是一个很好的例证，在未成名之前，他是那样的默默无闻，低调行事。到1993年为止，麦克奈特的名字还没有列入《财富》杂志"全美企业名人录"，很少有文章提到过他，他的名字也没有在介绍美国公司历史的《胡佛手册》里出现，惭愧地说，我们开始研究时，甚至没有听过他的大名。可是麦克奈特却领导了52年的公司（1914年–1929年当总经理，1929年–1949年当CEO，1949年–1966年当董事长），赢得了全世界企业人士的好评和崇敬。这家公司就是备受尊崇的明尼苏达矿业制造公司，简称3M公司。3M是一家享誉世界的上市公司，但是我们发现麦克奈特却是不显山不露水，有时候我们不得不承认他本人可能要故意如此。麦克奈特从1907年开始在3M工作，先是助理簿记员，后升为成本会计员、销售经理，再升为总经理。我们找不到他拥有高度魅力型领袖风格的证据。3M拥有自己的出版公司，为了歌颂麦克奈特的功绩，在公司为其出版的自传中，多次描述到了他的个性："略有点驼背""谦恭而语气温和""沉静、深思而严肃""轻声细语、彬彬有礼的人"。

纵观许许多多的高瞻远瞩公司，我们发现麦克奈特并不是仅仅独一的代表人物。索尼的井深大以谨慎、深思和内省闻名；休利特让我们想起一位友善、真实、平凡、脚踏实地的爱荷华州农夫；普洛科特和甘布尔是严肃、拘谨、规矩、保守，甚至面无表情的人；比尔·艾伦不是波音公司历史上最重要的CEO，但他却是一位务实的律师，"和颜悦色，带着羞怯而不常见的微笑"；乔治·默克是"默克制药公司自制精神的具体表现"。

通过和诸多经理们的沟通，发现他们都会问一个极其不让人理解却又不得不去面对的问题："如果高知名度魅力型领袖根本不是我的风格，怎么办？"我们的回答是：设法发展这种风格可能是浪费精力。原因之一是，心理学证据指出，人格特质通过遗传和环境因素在人生相当早的时候就定型了，几乎没有证据显示，到你担任经理角色时，还能够大大地改变你的人格形态。还有一个可以做解脱的重要原因就是，无论如何，有时你并不需要此种风格。

假如你已经拥有魅力型的人格，我想说那样很好，不过即使你不是这样的行事风格，那也并不是一件不好的事情，因为你正好与构建3M、宝洁、索尼、波音、惠普和默克等公司的人一样，而他们是一群不错的人。

下面所要着重论述的一点请不要做出错误的理解，我们不是说构建这些高瞻远瞩公司的人是差劲的领袖，只是指出，在构建高瞻远瞩公司时，显然不需要高知名度的魅力型风格。（事实上，我们怀疑，高度魅力型风格可能有点不利于构建高瞻远瞩公司，但是有关风格的资料太散乱、没有说服力，不能做出有力的证明。）再重申一下观点，无论你是魅力型亦或者是其他类型的领导者，你都不能说高瞻远瞩公司的发展轨迹比对照公司的发展路径要强许多。

在高瞻远瞩公司发展的重要阶段，需要有好的领导者，但事实上，基本上都是这样。此外，我们认为，一家公司如果持续由一连串平庸的人领导，这家公司也不可能保持极为高瞻远瞩的状态。事实上，我们发现，在发展和提拔公司内部能力高超的管理人才方面，高瞻远瞩公司做得比对照公司好。因此，他们在优秀的领导人才方面，可以经过很多代，仍然保持比较高的连续性。倘若某个高瞻远瞩公司的管理者持续优秀，我们只能说是优秀组织造就个人，绝非个人成就了此优秀组织。

以享誉世界的杰克·韦尔奇来做个例证吧！他是80年代末和90年代初期通用电气的CEO，我们不否认韦尔奇在重振通用电气，在为CEO办公室引进蓬勃的活力、动机和迷人的性格等方面扮演过极为重要的角色。但是，强调韦尔奇的领导风格，会让我们忽略核心重点：韦尔奇是在通用电气内部成长的，他是通用电气的产物，就像通用电气是韦尔奇的产物一样。不管怎样，通用电气这个组织有能力吸引、留住、开发、培养和选择韦尔奇当领袖，通用电气早在韦尔奇之前就已欣欣向荣，很可能在韦尔奇之后还能继续欣欣向荣许久。毕竟，韦尔奇不是通用电气历史上第一位绝佳的CEO，很可能也不是最后一位。韦尔奇的角色并非不重要，但在通用电气整个历史中，韦尔奇的角色只是其中一小部分。选择韦尔奇根植于一个优异的企业架构——这个架构的起源可以追溯到科芬。科芬和乔治·威斯汀豪斯相反，采取建筑师的方式构建通用电气公司。

六、建筑师方式：造钟师的运作

公司早期塑造者的能力是各不相同的，通过比较，我们更相信此差异更多的表现为取向的差异。证据显示，不管个人的领导风格如何，高瞻远瞩公司成长塑造阶段的关键人物要比对照公司里的领袖有着更强烈的组织导向。事实上，随着研究的深入，我们越来越觉得"领袖"这个称谓不妥，开始采用"建筑师"或"造钟师"的称谓。以下所要讲到的对照则从更深层次上阐释了我们所说的建筑师或造钟师方式的意义。

七、花旗银行与大通银行

詹姆斯·史蒂曼从1891年—1909年担任花旗银行的总裁，1909年—

1918年担任董事长。他为了追求建立一家伟大的全国性银行，致力于发展组织，把这家基础薄弱的地方性公司转型成"完全现代化的公司"；他监督花旗银行开设新分行，制定分成多个事业处的分权式结构，组织一个强而有力的董事会，董事都是大公司的CEO，并设立管理培训和招募人才的计划（比大通银行早30年）。《花旗银行史——1812年—1970年》描述了史蒂曼致力构建一个在他身后很久仍然能够欣欣向荣的机构。史蒂曼意在使花旗国民银行（花旗银行的前身）在他去世后仍然保持既有的地位（全美最强、最大的银行）。为了确保这一点，他任用认同他的梦想和企业精神的人，任用愿意构建一个组织的人。他自己愿意下台，让他们经营这家银行。史蒂曼在写给母亲的一封信里谈到他决定下台，转而担任董事长，以便实现公司在他离开后更容易成长的心愿。

过去两年来，我一直准备接任顾问的位置，并且拒绝重新被选为公司正式的领袖。我知道这是明智的做法，这样不但能让我卸下细琐工作的责任，也可以让我的同事有成名的机会，并为未来创造比既有成就更大的无穷可能性奠定基础。

史蒂曼在大通银行的对手阿尔伯特·卫京却根本没有放权。卫京从1911年—1929年担任大通银行总裁，是个果决、毫无幽默感而野心勃勃的人，他最关心的似乎是自己的功名。他在另外50家公司担任董事，用极为强悍、集权的手法经营大通银行，以致《商业周刊》写道："大通银行就是卫京，卫京就是大通银行。"

八、沃尔玛与美利坚百货

毫无疑问，萨姆·沃尔顿具有魅力型领袖光芒耀眼的人格特质。我们不能不想到，他为了实践激励员工突破8％利润率时许下的诺言，穿着草裙，戴着花环，在一群跳呼拉舞的队伍陪伴下，抖动着身体在华尔街跳舞的情形，或是想到他跳上商场柜台，领着几百位高声尖叫的员工进行一场狂热的沃尔玛啦啦队表演。不错，沃尔顿拥有独一无二的有力人格。但是，另外几千位不曾建立沃尔玛的人也同样具有这种人格。

的确如此，沃尔顿和美利坚百货领袖的关键差异，不在于他比较具有魅力，内在于他更像造钟师，更像建筑师。沃尔顿20岁出头时，人格形态就定型了，他把一生大部分的时间都无休止地花在努力建立和发展沃尔玛的组织调整能力上，而不是努力发展自己的领袖性格。这一点在沃尔顿自己眼里也是如此，他在《美国制造》一书里写道："当时包括我们自己的一些经理在内，没有人了解我们从创立时起就极力设法成为最优秀的从业者，成为最专业的经理人。毫无疑问，我有推动事业的人格……但是，在这种人格下，我总是有业者的心灵，是想把事情做好、然后做得更好、然后尽力做到最好的人……我从来没有从事过短期的事情，我总是希望尽我所能，建立一个完美的零售组织。"

沃尔顿珍视变革、试验和不断完善，但是他不光是宣扬这些价值观，还制定坚强的组织机制，刺激变革和进步。沃尔顿运用一种叫做"店中店"的观念，授予部门经理经营自己部门的权威和自由，就好像这个部门是经理自己的企业一样。对于有助于节省成本、提出加强服务的构想可供其他商店仿效的同仁，他实行现金奖励和公开褒扬的制度。他以"量产项目竞赛"鼓励同仁进行创造性的尝试。他召开商品会议，讨论应该选来用在整个连锁体系里的试验性做法。他还制定星期六早晨的会议制度，在这种会议上，主角经常是一位尝试创新、而且确实有良好效果的员工；对于想出新构想使整个公司获益的员工，他用分红和员工持股作为直接的奖励。同事想出的点子和构想都刊登在沃尔玛的内部杂志里，沃尔玛甚至斥资设置卫星通讯系统，"好把所有细节尽快传布到全公司各处。"1985年，股票分析师爱德华兹描述沃尔玛这座滴答作响的时钟说："员工在鼓励变革的环境里工作。无论哪一位卖场的同事提出和商品销售或节省成本的有关建议，这些建议都会迅速地传播出去。设想750多家商店和8万多名员工（都有可能提出建议），都仿效建议中的做法，这样会导致多大的销售增加、成本降低和生产力提高啊。"

沃尔顿致力于创造一个能够自行进化和变革的组织，美利坚百货的领袖却从上而下规定所有的改变，并且在一本书里，详细、精确地规定卖场经理应该做的事情。没有留下任何主动的空间，沃尔顿培养了一位能干的继承人（大卫·格拉斯），好在他死后接管公司。吉尔曼兄弟却没有准备好这样的人，最终把公司留给和他们不同理念的外人。沃尔顿把他时钟制造的取向传承给继承人，美利坚百货后来的CEO则鲁莽行事，推动带来惨剧的购并，盲目、执迷不悟地追求纯粹以成长为目的成长，一次就吞下洁尔（Zayre）公司388家店面，格拉斯在描述沃尔玛未来成功发展的关键要素时说："沃尔玛的同仁会找到一条路。"又说："我们的人都努力不懈，"同一时期美利坚百货的CEO却说："真正的方略和唯一的问题是市场占有率。"

1990年，《财富》杂志有一篇文章谈到美利坚白货，用惋惜的口吻写道："共同创办人赫伯特·吉尔曼亲眼看到自己的创造被摧毁。"沃尔顿在比较快乐的情况下去世，他的创造完好无损，而且相信公司可以在他身后长久兴旺下去，一天比一天更强大。他知道他很可能活不到公元2000年，可是他在1992年与世长辞前不久，替公司定下发展到公元2000年的大胆目标，以展现他对公司失去他之后可以有何等成就的高度信心。

九、摩托罗拉与先力时

摩托罗拉创办人保罗·盖尔文最大的梦想，是构建一个永续经营的伟大公司。盖尔文确实构建起了历史上最成功的一家科技公司。他没有工程背景，但是他礼聘最优秀的工程师；他鼓励异议、讨论和歧见，并且给所有的个人"大致上可以独力运作的余地"。他制定要挑战的目标，赋予员工沉重的责任，以便刺激组织和同仁成长和学习，而且经常是借助失败和错误学习。盖尔文传记的作者扼要指出："他不是发明家，而是以人为蓝图的建筑师。"盖尔文的儿子罗伯特·盖尔文说："家父督促我们拥抱……群众——向所有人伸出双手——争取他们的领导才能，不错，是争取他们创造性的领导才能……很早以前，他就坚持管理上的传承，奇怪的是他不怕自己会长眠，他关心的是公司（强调我们的公司）。"

先力时的创办人恰恰相反。"指挥官"小尤金·麦克唐纳没有传承的计划，因此他1958年辞世后，公司高层人才出现一个真空。麦克唐纳是个具有惊人魅力的领袖，主要是靠着强大无比的人格力量推动公司前进。他被人描述为"先力时暴烈、顽固的指导人"，拥有"对自己的判断力高度肯定而衍生的惊人自信"。除了最亲密的朋友之外，他希望所有的人都称呼他"指挥官"。他是个睿智的推行家和试验家，推动实施了很多自己的发明和构想，他具有坚持不服输的态度，这种态度几乎使先力时错过电视机这个产品。先力时出版的公司历史里写道：

麦克唐纳的风格，光芒耀眼，这种风格反映在公司特有的广告方法上，再加上他的创造发明天才和感受公众口味变化的能力，30多年来，在大众的眼里，麦克唐纳就是先力时公司。

麦克唐纳死后两年半，《财富》杂志评论说："先力时靠着已故创办人的决心和想像力仍然继续在成长和赚钱，但是先力时的未来如何，现在要看公司的能力和新动力如何，是否能应对麦克唐纳从来没有预想到的状况。"一位竞争对手评论说："随着时间流逝，先力时会越来越怀念麦克唐纳。"

盖尔文和麦克唐纳的去世相隔一年半，摩托罗拉成功地驶进盖尔文梦想不到的海域，先力时却停滞不前，到1993年为止，先力时从来没有恢复麦克唐纳在世时的辉煌和创新光芒。

十、迪斯尼与哥伦比亚电影

提起迪斯尼公司，你想到了什么？能想出与迪斯尼有关的一个或一组清楚的形象吗？再想想哥伦比亚电影公司，你又想到了什么？能够指出明确、清楚的形象吗？如果你和大多数人一样，你可以想出迪斯尼代表的形象，但是要指出和哥伦比亚电影有关的形象，就会有难度。

沃尔特·迪斯尼在构建迪斯尼方面，明显地为公司注入了他个人惊人的想象力和才能。他亲自启发迪斯尼很多最佳创作的灵感，包括《白雪公主》（世界第一部完整的长篇动画电影）、米老鼠的角色、米老鼠俱乐部、迪斯尼乐园。从任何角度来看，他都是一位卓越的报时者，不过，即使是这样，和在哥伦比亚电影公司的对手哈利·科恩相比，迪斯尼却更像是一位造钟师。

科恩"刻意培养自己的暴君形象，在自己的办公桌附近放着一支马鞭，常常为了强调语气，把马鞭挥得啪啪响。在所有大电影公司里，哥伦比亚电影有最高的电影作品推出率，主要是靠科恩的方法。"一位观察科恩1958年葬礼的人评论说，参加葬礼的1300人"不是来道别，而是来确定他真的去世了。"我们找不到科恩关心员工的证据，也没有发现任何证据显示他采取行动，为哥伦比亚电影公司注入长期发展的能力或明确的公司形象。

证据显示，科恩最关心的是成为电影大亨，在好莱坞发挥庞大的个人力量（他是好莱坞同时得到总裁和制片人头衔的第一人）。对于在他身后可能存续的哥伦比亚电影公司的特质和形象，他很少关心，甚至毫不在意，科恩以个人的目的推动哥伦比亚电影公司前进了很多年，但是，这种以自我为中心的理念在创办人死后便不可能再指导和激励公司。在科恩去世后，哥伦比亚电影公司立刻陷入散漫无序的状态，在1973年被依法强行收回，之后卖给了可口可乐公司。

另一方面，沃尔特·迪斯尼在死前最后一天还在医院里极力思考如何用最好的方式，开发在佛罗里达州的迪斯尼世界。他本人终究会死亡，但是迪斯尼公司使大家快乐、为儿童带来欢乐、创造欢笑和泪水的能力永远不会死亡。迪斯尼一生当中，比哥伦比亚电影公司的科恩付出了更多的心血，发展自己的公司和公司的能力。20世纪20年代末期，他付给创作人员的报酬比自己领的薪水还高；20世纪30年代初期，他为所有动画人员设立了艺术班，在现场设置一个小动物园，提供活生生的动物，协助他们改善画动物的能力；他还发明了新的动画小组程序（例如故事板），而且在最先进的动画科技上继续投资。20世纪30年代末期，他慷慨地设置卡通产业第一项奖金制度，以便吸引和奖励优秀的人才。20世纪50年代时，他制定"你创造快乐"的员工培训计划，并且在20世纪60年代成立迪斯尼大学，指引、培训和教导迪斯尼的员工。哈利·科恩却从来没有采取这一类的步骤。

毫无疑问，迪斯尼不像我们研究的其他建筑师那样，把时钟制造得那么好，而且迪斯尼的电影公司在他逝世后，将近15年停滞不前，因为迪斯尼公司的人一直在问自己："沃尔特会怎么做？"迪斯尼和科恩不同，他创造出一个远远超越自我的机构，创造出一个在他逝世后数十年，仍然能够在迪斯尼乐园里为孩子们表演"迪斯尼魔术"的机构。在同一个时间里，哥伦比亚电影公司已经不再是一个独立的实体，迪斯尼则发动了一场悲壮（而且最后终于成功）的奋斗，成功地防止了一次敌意购并。虽然对迪斯尼的经理们和家族而言，要是兼并者成功的话，他们可以轻易地靠手中的股份净赚千百万美元的利润，但是因为他们的公司是迪斯尼公司，所以必须以独立的实体留存下来。约翰·泰勒在他《攻击魔术王国》一书的序言里写道：

接受（收购）是不可思议的事情，迪斯尼公司并非只是随便的一家公司……不必为了合理化而出卖资产，好为股东追求最高的利润。迪斯尼也不仅仅是另一个品牌名称而已……经理人把公司看成是为世界各地儿童塑造想象力的力量，公司已经深深融入到美国文化中。的确如此，公司的使命——他们相信公司的确有一个重要的使命，这个使命和替股东赚钱一样重要，那就是wfr传播美国的价值观。

迪斯尼公司在20世纪80年代和90年代继续生存，重振沃尔特·迪斯尼以前建立的传统。相形之下，科恩的公司根本没有什么可以拯救和重振的东西，没有人觉得哥伦比亚电影公司应该以独立实体保存下来。要是把公司卖掉可以为股东赚更多的钱，那就这么办吧！

利润之上的追求

默克公司在成立100周年时，曾出过一本名叫《价值观与梦想：默克百年》的纪念书刊。令我们惊讶的是，书名一点都没提到默克是从事什么具体行当，其实默克可以把书名定为《从化学品到制药公司：默克百年财务成就》，但是它并没有这样做，反而去强调自己在100年历史里一直是由理想指引和激励的公司。1935年，乔治·默克二世就阐述了这些理想。他说："在（我们）这一行工作的人真正受到了促进医学进步、服务于之的理想的激励。"1991年，在经历三代领导人之后的默克CEO罗伊·魏吉同样不无感慨地说道："最重要的是要记住，我们的业务成功意味着战胜疾病和帮助人类。"

秉承上述的理想和信念，这时再反转过来审视默克研发并且将大量的相关治愈"盘尾丝虫病"的药品赠送给第三世界国家就不会觉得诧异了。第三世界有上百万人感染盘尾丝虫病，这种疾病是大量的寄生虫在人体组织里游动，最后移到眼睛，造成令人痛苦的失明。一百万个顾客是规模相当大的市场，只是这些人都是买不起产品的顾客。默克知道这个计划绝对不会有很大的投资回报，却仍然推动这个计划，希望产品检验通过后，某些政府机构或第三方机构会购买这种药品，分发给病人。默克知道有很大一部分群体买不起此种药品，所以他决定无偿派发这些药品给渴望得到帮助的人们，且自行负担费用，直接参与分发的工作，以确保药品确实送到受这种疾病威胁的上百万人手中。

默克之所以决定不惜代价去从事这样的一个事业，还有另外一方面的原因，魏吉罗指出，若不推动生产这种药品的话，可能瓦解默克旗下科学家的士气——这些科学家服务的公司明确地认定是从事"保存和改善生命"的事业。魏吉罗进一步指出："我15年前第一次来到日本时，日本的企业界人士告诉我，是默克在第二次世界大战之后把链霉素引进日本，消灭了侵蚀日本社会的肺结核。"默克在背后做了许多的事情，大部分都是无偿的，但一个隐形的回报是，它以良好的口碑使公司发展成为在日本最大的美国制药公司。当你在幕后做许多有益于企业发展的事情时，它所产生的长期影响并不总是很清楚，但是，我们坚信好的回报总是会有的。

一、务实的理想主义

默克做出上述的决定是兼顾两大要素的，一者可以一直明确说明公司的自我形象，二者也可以追求良好的长期业务或良好的公共关系。在这个决定中，默克的理想主义扮演了重要的角色，而且证据显示，默克一定会进行这个计划，不管是否能够替公司的业务创造长期好处。但证据同样显示，默克的行动是假设这种善意行动"多多少少……会有报偿的。"这是典型的兼容并蓄胜过非此即彼的例证。默克公司在创立以后的大部分时间里，都同时展现崇高的理想和本身的实际利益。乔治·默克二世在1950年解释了这个矛盾："我希望……表明本公司同仁所必须遵循的原则……简要地说，就是我们要牢记药品旨在治病救人。我们要始终不忘药品旨在救人，不在求利，但利润会随之而来。如果我们记住这一点，就绝对不会没有利润；我们记得越清楚，利润就越大。"

我们不得不说，默克是聪颖的，他向我们传输了务实的理想主义才是高瞻远瞩公司理念的本质。我们的研究显示，高瞻远瞩公司能够奋勇前进，根本因素在于指引、激励公司上下的核心观念，亦即是核心价值和超越利润的目的感。这种理念在很长的时间里一直相当固定。在本小节中，我们会向读者朋友反复阐述一个事实，就是那些高瞻远瞩公司同时也必然是高效率的赚钱企业。

二、核心理念：探索利润神话

默克、索尼和福特的成功路径是不一样的，但通过总结我们发现，他们都秉承了一个共同的核心理念，在他们看来，此理念恰恰是高瞻远瞩公司历史发展中的首要因素。就像伟大的国家、教会、学校或任何持久不坠机构的基本理想一样，高瞻远瞩公司的核心理念是一组基本的准则，像基石一样稳固地埋在土地里，表明"这就是我们的真面貌；这就是我们的主张；这就是我们追求的东西。"对一家机构而言，核心理念是最为根本的东西，很少改变。

虽然企业成功需要一个核心理念，但核心理念的具体内容也是不一样的，如索尼，核心理念起源于创业时的根基；在某些案例中，如默克，核心理念来自第二代领导层；在别的案例中，如福特汽车公司，核心理念沉睡多年，到了后来才再度绽放光芒。但是，几乎在所有的案例里，我们都找到了证据，证明核心理念不仅仅形诸文字，也是重要的塑造力量。我们会很快去讨论核心理念的重要组成的两个部分——核心价值和目标，不过，让我们先来看另外一个让人很感兴趣的发现。

我们都知道，商学院最传统和最核心的教条就是把"尽量扩大股东的财富"或"尽量扩大利润"作为企业发展的主要动力或首要目标，但在大多数高瞻远瞩公司的历史中，我们却并没有发现这一点。他们通常追求一组目标，赚钱只是其中一种，而且不见得是首要目标。的确，对很多高瞻远瞩公司来说，业务一向不只是一种经济活动，不光是赚钱的方法而已。在大多数高瞻远瞩公司的整个历史中，我们会发现一种超越经济因素的核心理念，而且，重要的是，他们拥有核心理念的程度远远超过我们研究的对照公司。

通过翔实的历史资料分析，我们看到了高瞻远瞩公司和对照公司最大的区别所在，高瞻远瞩公司是以理念作为源动力，并不全部为利润目标所驱使，而后者却恰恰如此。

　　但有一点，我们首先要阐明——高瞻远瞩公司并不是没有把股东的财富增值放在心上，也不是说他们不关心去追求利润。不错，他们追求利润，可是他们也同样追求更广泛、更有意义的理想。扩大利润的目标并不主导一切，但是，高瞻远瞩公司是在能够获利的情况下追求目标的——他们同时达成两种目标。利润是生存的必要条件，而且是达成更重要目的的手段，但是对很多高瞻远瞩公司而言，利润不是目的，利润就像人体需要的氧气、食物、水和血液一样，这些东西是必需的，但不是生命的目的。不过，企业要发展壮大，还是需要这些氧气、食物、水和血液等等，毕竟缺少它们，也就没有生命个体的存在了。

　　我们不把增加股东的财富作为一个既定的目标。没错，利润是我们所作所为的基础——是衡量我们贡献大小的指标，也是大力支持公司成长的手段——但它本身一向都不是重点。事实上，重点是求取胜利。胜利与否要由顾客的眼睛来判断，由你是否做了一些能够自豪的事情来判断。这其中回报其实也是对等的，如果你真正做到了对顾客负责，使他们满意，利润也会随之而来。

　　三、有"正确的"理念吗

　　就产品对消费者的诱惑力而言，默克和菲利普·莫里斯此两家公司都是秉承自己独特理念的，都是作为高瞻远瞩公司的典型代表。这一事实引发出若干有趣的问题：有没有一种"正确的"核心理念，可以造就出高瞻远瞩公司？意识形态的内涵很重要吗？在各家高瞻远瞩公司的核心理念中，有没有任何共通的要素或普遍的形态？

　　研究发现，许多高瞻远瞩公司都有核心理念，但却没有某一点是共同的。我们下面试着列举一些，以供读者研究：

　　·有些公司，像强生和沃尔玛，把为顾客服务当做公司理念的核心，其他公司，如索尼和福特汽车却并非如此。

·有些公司，像惠普和马利奥特，把关心员工当做公司理念的核心，其他公司，如诺世全和迪斯尼却并非如此。

·有些公司，像福特汽车和迪斯尼，把产品或服务当做公司核心理念的重点，其他公司，如IBM和花旗银行却并非如此。

·有些公司，像索尼和波音，把大胆的冒险当做公司理念的核心，其他公司，如惠普和诺世全却并非如此。

·有些公司，像摩托罗拉和3M，把创新当做公司理念的核心，其他公司，如宝洁和美国运通却并非如此。

核心理念有很多，但我们却没有发现存在哪些至关重要或非常特殊的理念成为了那些高瞻远瞩公司成功的秘密法宝。我们的研究显示，理念的真实性和公司连续一贯符合理念的程度要比理念的内容更重要。换句话说，不管你喜不喜欢或同不同意菲利普·莫里斯的理念，都没有什么差别——除非你是替菲利普·莫里斯工作。外人是否同意默克的理念、或马利奥特、或摩托罗拉、或迪斯尼、或惠普的理念，也没有什么关系。探讨完毕之后，我们无限感慨地说，不在乎企业拥有什么样的核心理念，而是企业所选择的理念能否指引和激励公司的人。

四、言还是行

以何种方式来界定高瞻远瞩公司的核心理念不是一句空洞的言辞，不只是用来安抚、玩弄或误导的言词？我们有两个解答。

第一，依据社会心理学的理论，有一种观点是，人们公开拥护一种特别的观点时，即使他们以前不主张这种观点，在行为上也可能远比以前更符合这种观点。换句话说，高调拥护一种核心理念（高瞻远瞩公司这样做的情形远超过对照公司），就会影响其行为努力去配合这种理念。

第二，也是极其关键的一个原因，高瞻远瞩公司并不仅仅在高呼一个口号，他们也会采取很多步骤，使之贯彻于组织上下，并且超越任何个别的领袖。我们在后面的章节会说明：（1）高瞻远瞩公司和对照公司相比，会比较彻底地对员工灌输核心理念，创造出极其强而有力、几乎成为教义般环绕这种理念的文化。（2）高瞻远瞩公司和对照公司相比，会比较谨慎地根据是否符合核心理念来培养和选择高级管理层。（3）高瞻远瞩公司和对照公司相比，在诸如目标、策略、战术和组织设计等方面，比较能够一贯地配合核心理念。

在实际情况下，高瞻远瞩公司也会常常领悟到一个问题，保持和在实际生活中去践行自己的理念压根就不是一个简单的事情，通用电气CEO韦尔奇描述过，在实用主义和理想主义之间生存，也就是在他称为"数字和价值观"的冲突之间行事，的确困难重重。

我们都明白，高瞻远瞩公司并不都是一直以一种完美的状态呈现的。但是，就像强生重新确认其信念，通用电气在绩效和价值观之间挣扎一样，高瞻远瞩公司通常都极力强调拥有核心理念，并且大力保存核心理念作为重要的塑造力量。

五、CEO、经理人与创业家指南

成立一家高瞻远瞩公司极其重要的一步就是：明明白白地展现一种核心理念。我们根据高瞻远瞩公司的范例，拟定一个核心理念的定义，定义由两部分组成。和我们合作的公司发现，这个定义在他们制定自己的理念时，是很有用地指导。

六、核心理念 = 核心价值 + 目的

核心价值=组织长盛不衰的根本信条，即少数几条一般的指导原则；不能与特定的文化或作业方法混为一谈；也不能为了财务利益或短期权益而自毁立场。

目的=组织在赚钱之外存在的根本原因，不能和特定目标和业务策略混为一谈。

几乎所以高瞻远瞩公司的目的都没有在该公司的宣言中清楚地展现出来，更多的是以一种含糊其辞或者非正式的方式声明的。但是，因为目的和核心价值（18家高瞻远瞩公司的核心价值都很明确）的作用和特点的差别很大，而且因为本研究里的13家公司在公司历史的某一个阶段都有和目的类似的宣言（有的是正式而明白的，有的是非正式而隐含的），因此，定出公司的目的，使之成为核心理念一个明白、特定的部分，的确大有用处。我们要鼓励那些在公司的核心理念中大声公布其核心价值和目的的公司。

七、对非CEO的建议

这个小节的主要对象是针对公司的高层管理者的，但我们从一斑而窥全貌，相同的构想同样适用于各级经理，绝对没有理由说你不能替自己的科、处、部制定核心理念。如果你的公司拥有强烈的公司的整体理念，你的部门的理念自然会受那种理念限制——特别是会受核心价值限制，但是，你仍然可以拥有合乎本身旨趣的理念，而且肯定可以替自己的下层组织制定一个目标，例如，它存在的目的是什么？如果它不再存在，会有什么损失？

假如你发现你的公司还不存在一个核心理念，那你就可以发挥主观能动性，你可以在自己管辖的部门制定一种理念，而且你会有更大的自由度。不该因为整个公司没有明确的理念，就表示你的部门不应拥有一种理念！此外，你可以因为在自己的层级制定理念成为模范，而扮演关键的角色，进而敦促公司制定出理念。我们常常可以看到，某些因为子部门发挥优秀模范作用从而刺激整个公司规划的例子，这样常常也会对整个公司形成了很大的压力。

八、对新创企业和中小企业经理的建议

很多时候，在企业的初创时期，很多企业都没能很清楚的明白自己公司的核心理念。有几家公司的确有，例如，罗伯特·约翰逊从孕育强生时对公司的目的就拥有了一种意识（减轻病痛）。索尼的井深大在1946年撰写公司的

说明书时，也和约翰逊一样。但是，其他公司，像惠普和摩托罗拉，在稳步走过草创期之前，并没有写下公司的理念，他们经常是在创办之后10年左右、成为大公司之前写下的。大多数高瞻远瞩公司在早期只是设法起步，开始向前冲，一直到公司逐步发展后，理念才渐渐清楚。所以，如果你因为还处在推动公司前进的门槛上，还没有制定一种核心理念，也没有什么不好。其实，探讨了如此之多关于公司核心理念定制的问题，我们不得不说，在某些时刻，应该越早制定出自己公司的核心理念越好。

教派般的文化

我们刚开始接触这个研究项目的时候，某些资料会显示高瞻远瞩公司是一个最完美的工作地点，最起码会比对照公司的工作环境更优良。但是，我们发现，实情并非如此，至少并非对每一个人都如此。还记得比尔和罗拉多么适合在诺世全工作，又有长足的发展吗？对他们来说，那里真正是一等的工作地点，但是请注意，罗伯特就是不能完全相信那一套，对他来说，诺世全不是什么很好的工作地点。只有对于真心虔信、而且很适合诺世全风范的人，诺世全才是绝佳的工作场所。

在众多的研究案例中，我们通过研究发现，还有诸多高瞻远瞩公司存在上述的情景。如果你不愿意热忱地接纳惠普风范，那你根本不适合待在惠普公司里；如果你不能真心相信沃尔玛对顾客的狂热奉献，那你就不适合沃尔玛；如果你不能宝洁化，那你就不属于宝洁；如果你不想加入狂热追求品质的队伍，即使你刚巧是在公司餐厅里工作，你也肯定不会变成真正的摩托罗拉人；如果你对个人自行决定该买什么东西的权利（例如买香烟）有所质疑，你就不适合在菲利普·莫里斯工作；如果马利奥特那种深受摩门教影响、生活简朴、热心献身于事业的气氛让你觉得不舒服，那你最好远离马利奥特，要是你不能拥护"健康""神奇"和"仙尘"（迪斯尼片头小精灵以仙女棒点出的幻景），并且让自己变成"彻底的拥护者"，那你很可能会讨厌在迪斯尼工作。

通过实证材料的论证，我们发现了一个十分有趣的现象，你不必要创造一个"温和"或"舒适"的环境去契合高瞻远瞩的公司。我们也发现，就绩效和契合公司理念而言，高瞻远瞩公司对员工的要求通常要比其他公司严。

还有一点我们必须要做到心中有数，高瞻远瞩公司强调的是对于自我认知要十分明确，对事业要达到的目标的认识要准确无误，而不是表面的顺从。不愿意或不符合公司规定的标准的人，在公司里通常没有多少生存空间。一次，我们研究小组开会时，一位研究助理说："加入这些公司让我们想到参加组织极为严密的团体或社团。如果你不适合，最好不要参加；如果你愿意真心相信并乐意为公司的目标贡献，你一定会很满意，很有成就感——很可能再快乐不过了，否则你很可能会苦苦挣扎，觉得无法立足，感觉差极了，最后终会离开，就像病毒一样被排除。这是二选一的问题，不是留在里面，就是离开，似乎没有中间地带，几乎和教派一样。"

猛地一琢磨，我们发现这个想法和见解可能很正确，因此，为了更一步验证这一点，我们决定研究探讨一下教派的文献，看看高瞻远瞩公司的特质和教派相通的地方，是否真的比对照公司多。我们发现，文献里对教派没有大家一致接受的定义（这个说法的确符合许多高瞻远瞩公司的情形）；在教派和非教派的差别方面，我们也没有找到普遍被人接受的对照表，但是，我们发现了一些共同的宗旨，特别是找到了教派四个特点，高瞻远瞩公司表现这些特点的情形，远比对照公司强烈：（1）灌输信仰；（2）严密契合；（3）热烈拥护的理念；（4）精英主义。

实际和活生生的例子能更好的说明问题，为了验证这一点，接下来我们来一起看看诺世全和梅维尔这两家公司的对照情形。请注意诺世全公司的强力灌输过程。诺世全首先用面谈，接着不断用诺家帮服务顾客的英雄事迹、墙上的警语、朗诵肯定自我的文字和欢呼等对员工灌输信仰，请注意诺世全如何促使员工写下其他员工的英雄事迹，并且运用同事和顶头上司推行的灌输程序（教派常见的做法是靠着社交活动，指引和积极吸收新徒众）。请注意诺世全如何设法招募年轻人，从他们事业生涯的初期，就塑造他们接受诺世全的风范，并且只提拔密切反映公司核心理念的员工。请注意诺世全如何实施严密的契合，符合诺世全风范的员工得到很多正面的强化（薪资、奖金、表扬），不符合公司风范的员工得到负面的加强（"落后"、罚金、污点）。请注意诺世全如何在自己人和外人之间划出明确的界限、如何描述成为自己人就变成了与众不同的精英——这又是教派常见的做法，的确，"诺家帮"这个名称就有教派的意味。在梅维尔的人生经历片段中，我们似乎难以发现他曾经特意去构建或维系这一法则，甚至可以说他根本就没有明确运用过这种做法。

高瞻远瞩公司构建了一种既定的环境，有人说这种环境类似于教派气氛，不过高瞻远瞩公司构建的全部准则都是围绕着核心理念来进行的。就这一点来说，诺世全代表了一个绝佳的例证。这些做法通常会在雇用前或在事业生涯之初大力筛除不符合公司理念的人，也会灌输一种深厚的忠贞意识，影响留在公司里的人，让他们长期持续配合公司的核心理念，并且奉行不渝。

阐述了这么多，但有一点请不要误会，我们只是说高瞻远瞩公司非常类似于教派。"教派主义"和"像教派一样"这两个说法可能引发一些负面的想象和含义，这两个说法比文化的意义强烈，但只是说高瞻远瞩公司拥有自己的文化，不能说明什么新鲜或有趣的事情。所有的公司都有文化！我们观察到有一些远比文化强烈的东西在起作用。"教派主义"和"像教派一样"只是描述性的说法，没有轻蔑或惯常有的意味，意在抓住一些我们发现在高瞻远瞩公司里比较持续一贯、在对照公司里则不然的做法。这些特性在保存核心理念方面扮演着重要的角色，分析高瞻远瞩公司和对照公司后，可以得到下列结论：

· 18对公司里，证据显示有11家高瞻远瞩公司在整个历史中，比对照公司更强力地向员工灌输核心理念，（我们发现，高瞻远瞩公司大都比较强调员工培训，不仅是在理念的引导方面如此，在技术和专业发展训练上也是这样。

·18对公司里，证据显示有13家高瞻远瞩公司在整个历史中，表现出比对照公司更严格的选拔情形——员工通常不是极为符合公司及其理念的要求，就是一点都不符合（不相信就滚蛋）。

·18对公司里，证据显示有13家高瞻远瞩公司在整个历史中，比对照公司表现出程度更强烈的精英主义（一种属于优秀团体、与众不同的意识）。

·总括三个层面（灌输信仰、严密契合、精英主义），18对公司里，证据显示有14家高瞻远瞩公司在整个历史中，比对照公司表现出更强烈的教派主义，仅有4对没有明显的差异。

一、CEO 经理人与创业家须知

这个章节我们已经描述了诸多问题，你可能会非常惴惴不安，但是我们想清楚无误地表明一个观点——我们也确实不赞成吉姆·琼斯、大卫·柯瑞希或某些教派的状况。重要的是，要了解高瞻远瞩公司和许多宗教派别或社会运动不同：高瞻远瞩公司通常是以理念为核心，表现得像教派一样，而教派或社会运动常常是围绕着魅力型教派领袖运转，形成一个"以人为本"的教派。请注意诺世全如何为自己的核心价值，创造出大家对价值观虔诚的尊敬，为员工服务顾客的英雄事迹塑造有力的神话，而不是要求对个别领袖奴隶式的崇拜。迪斯尼对本身价值观的保护超越了沃尔特·迪斯尼的生命，并且在他身后数十年仍然大致保持不变。宝洁坚信自己的原则超过150年，历经9代最高管理层。围绕个人人格形成的教派主义犹如报时；创造环境，以便强化大家虔诚信仰一种长盛不衰的核心理念，则有如造钟。本小节告诫你的是，你千万不要试图去创设一种教派，这是极其愚蠢的一件事情，你也千万不要去试水。

论述到这里程，难点是如何去创设保持核心理念的组织和用什么具体方法去构建这一组织。高瞻远瞩公司把他们的理念转化成有形的机制，同时发出持续一贯、加强理念的信号，他们对员工灌输理念，规定必须严密契合公司理念，并且利用下列实用、具体的事项创造出一种身属特殊团体的意识：

·兼具理念与实际内容的新人培训与后续培训计划，教导价值观、标准、历史和传统。

·内部"大学"与培训中心。

·由同事与顶头上司负责在职人员社会化培训。

·严格由内部逐级提升的政策——雇用年轻人，从内部提升，并且从年轻时开始塑造员工的心态。

·宣扬"英雄事迹"和公司典范（例如顾客颂扬英雄事迹的信函、大理石雕像等）。

·独有的语言与名词（例如"演员表成员""摩托罗拉人"），强化既有的参考架构，强化身属特殊精英团体的意识。

·公司歌曲、肯定言词或誓言，强化心理上的认同。

·在招聘期间或雇用的头几年实施严格的筛选程序。

·采用的奖励和升迁标准明确地要求员工全心融入公司理念。

·用奖赏、竞赛和公开表扬奖励尽力符合公司理念的人，用明显、有形的惩罚惩处逾越理念界限的人。

·宽容不违反公司理念的诚实错误（小过失），对于违反理念的行为（罪恶）和人员严惩不贷或解雇。

·设置"诱导"员工相信公司理念的机制（财务或时间方面的投资）。

·用庆祝的方式加强成就感、归属感和与众不同的意识。

·工厂与办公室布置宣传公司标准与理想的环境。

·用口头和文字不断强调公司的价值观、传统及身属与众不同团体的意识。

二、保存核心与刺激进步

讲到这一更深层次的领域，我们不禁要发出疑问：创设像教派一样严格的氛围难道会安全吗？会不会出现停滞不前和招致大群体反思的怪异局面？会使人才流失吗？会妨碍创造力和多元化吗？会扼杀变化吗？我们的回答是：没错。像教派一样的文化的确可能有危险和妨碍，像教派一样的文化可以保存核心，却必须用极为有力、刺激进步的措施来平衡。在高瞻远瞩公司里，这两点是相辅相成、并行不悖的。

在事实上，像教派一样的文化是一个助推器，会迫使公司产生压力，因为此种意识的诞生是属于那种无所不能和具有坚韧毅力的公司才有资格拥有的。IBM自觉像教派一样的意识对IBM研制360系列大型计算机的能力极有帮助；迪斯尼对于自己在世界上的特殊地位有如教派一样尊崇，加强了迪斯尼推动胆大包天的目标，如建造迪斯尼乐园和佛罗里达州迪斯尼世界的能力；如果波音不是决心成为"由生活、呼吸、吃饭和睡觉都念念不忘自己所作所为的人组成的组织"，就不可能成功地推动制造波音707和747的计划；索尼要不是几近狂热地相信自己是独一无一二的组织，必须在世界上扮演一个特殊的角色，就不可能在20世纪50年代在晶体管方面采取大胆的行动；默克因为对公司的理念有着像教派一样的信仰，员工才有一种身属与众不同的组织而不是随随便便一家公司的意识。默克所取得的巨大成功，在很大意义上要归属于此种意识的鼓励和支持，它的力量足以造就这个世界上最伟大的奇迹。

坚定的信念是取得成功所必需的良好要素，你要坚信自己也能创设一种坚韧的文化，一种可以建立像教派一样亦庄亦谐的文化。我们认为，沃尔玛的高级主管领着成千上万高声喊叫的员工，像啦啦队一样，高呼公司的口号，做出谐趣的动作，就是要建立这样的文化。

这时，人们往往会陷入一个谬论怪圈中，认为教派文化和多元化不能相容，其实二者是可以共存并共同发挥巨大效力的。若干最像教派的高瞻远瞩公司赢得了大企业当中最善待女性和少数民族的美名。默克就是个例子。默克长期以来就拥有进步的平等就业机会的纪录。在公司里，多元化是一种进步的形式，和公司深深珍惜的核心相辅相成。坚信所属公司的核心信念，其他诸如肤色、胖瘦、长相等外在因素根本就不是起到决定性作用的东西。

三、控制与自主

高瞻远瞩公司一方面强调严格控制的整体氛围，另一方面又给个人极大的自主创新空间，鼓励个人发挥主观能动性，这正是二者相辅相成的最好实证。事实上，我们发现，高瞻远瞩公司虽然比对照公司更像教派，但是，高瞻远瞩公司普遍实施分权制度，并给予员工高度的作业自主性，这方面对照公司反倒大大不如。

诺世全员工手册中一方面规范员工的行为，要求符合公司的理念，但是另一方面，在工作上却给员工极大的自由。一次，吉姆·诺斯特龙应邀到斯坦福大学商学院讲课，有人问他，如果一位顾客拿着显然穿过的衣服来退货，诺世全的店员会怎么处理，他回答说："我不知道，这是真话。但是，我有高度的信心，知道事情会以顾客觉得受到礼遇和良好服务的方式处理。衣服是否收回要看特定的状况而定。我们希望给每一个店员充分的自由，自己考虑该怎么做。我们把员工当成销售专家。他们不需要规定，他们需要基本的指导方针，而不是规定。在诺世全，只要你遵守我们的基本价值观和标准，为了把工作做好，你可以做你要做的任何事情。"

诺世全的例子让我明白了一个道理，个体在整体氛围中一定要团结、自制、严于律己，不能融入其中就会失去广泛的生存空间。矛盾的是，没有个人首创精神和企业直觉的人，和没有理念的人一样，在诺世全公司同样可能做不好。在其他具有严密理念的高瞻远瞩公司，例如3M、强生、默克、惠普和沃尔玛，情形也一样。

上述理论很好的说明了一个问题，如果公司想有所突破，实现大的、跨越式的发展，一定要有一个规定严明的理念，并将此理念全方位地灌输给员工，并随时将不符合此种理念的员工剔除出这个集体：对于留下来的人，赋予他们伴随着身属精英组织而来的高度责任感。这表示要把适当的演员推上舞台，陶冶出他们的正确心态，给他们自行决定、即兴表演的自由。言简意赅地说，就意味着假如可以始终能以理念为中心，像教派一样地团结，就可以使公司解放员工的能力，让他们从事实验、变革、适应，以及最重要的——采取行动。

自家长成的经理人

在1981年的时候，杰克·韦尔奇接替通用电气成为其最伟大的CEO，在他的掌管下，仅仅过了10年，他就成为"当代公认的首屈一指的企业变革大师"。看了堆积如山的有关韦尔奇革命的文章，我们或许会受到诱惑，把他描绘成骑着白马的救星，拯救陷入严重困难、从电力发明以来就没有做过重大改变的通用电气公司。如果不熟悉韦尔奇的背景或通用电气的历史，我们或许会被误导，认为他一定是从外面吸收的"新鲜血液"，前来唤醒这个昏昏欲睡、自满自适的巨型公司。

世界上再也找不到比这个事件更让人匪夷所思的了。

第一，我们不得不强调的是，杰克·韦尔奇是个地地道道的通用电气人，他研究生一毕业，就进入通用电气公司服务，当时年龄是差1个月满25岁，这是他的第一个全职工作。他在通用电气连续工作20年后，才成为CEO，像每一位前辈一样，他是从通用电气深处崭露头角的。

其实我们不得不纠正的一个事实就是，韦尔奇接手的公司并不是一个极度无秩序的公司，相反，它是在"美国最受崇敬的企业领袖"——雷金纳德·琼斯退休以后才转到韦尔奇手中的。《美国新闻与世界报导》杂志对他的同辈做过调查，发现琼斯是"当前美国企业界最有影响力的人"。而且不只一次，在1979年和1980年两次调查中都得到这个结论。《华尔街日报》和《财富》杂志所做的同样调查也把琼斯列在顶尖领袖之列。盖洛普民意调查更把琼斯列为1980年"年度风云企业CEO"。在财务上，例如，利润增长率、股本回报率、销售回报率和资产回报率等方面，通用电气在琼斯领导的8年间绩效和韦尔奇领导的前8年一样优异。

我们在整理和搜集资料的过程中发现，在众多杰出的通用电气CEO中，韦尔奇并不是第一个发起改革运动的人物。在吉拉德·斯沃普（1922年-1939年担任CEO）的领导下，通用电气大力转变，跨入家用电器行业。斯沃普也引进"启发式管理"的理念，并在员工、股东和顾客之间平衡分摊责任。在当时的通用电气，这种理念堪称新颖。在拉尔夫·科迪纳（1950年~1963年担任CEO）和他"全力追求"的口号领导下，通用电气以强大的力量打进很多种新领域——服务的市场增加了20倍、科迪纳大刀阔斧地重新改革公司的组织，推动分权制度，制定目标管理（是美国企业中最先这样做的公司），创建克罗顿威尔（现在成为通用电气著名的管理培训和教育中心），还写了一本很有影响的书，名叫《职业经理人的新边界》。弗雷德·博尔奇1964年—1972年担任CEO期间，是创造力沸腾的时代，也是乐于大胆在飞机引擎和电脑等领域冒险投资的时代。琼斯在1973年—1980年出任CEO，也成为改变企业与政府关系的领袖。

我们不得不承认的是，通用电气的高层管理者其实都是秉承着优秀的管理理念的，韦尔奇的神奇出现也不是偶然的。以税前股本回报率作为基本的财务绩效指标来衡量，通用电气在韦尔奇的前辈领导下，从1915年起表现得和韦尔奇领导通用电气的前10年一样好：韦尔奇的业绩是26.29%，他的前辈是28.29%。事实上，我们根据回报率替通用电气不同CEO领导的时代排名后发现，韦尔奇在七个不同的时代中排名第五。（通用电气的每一个CEO，包括韦尔奇在内，任期中回报率的表现都超过同时期西屋的CEO。）当然，简单计算股本回报率时没有考虑产业循环的起伏、战争、大萧条等事件，所以，我们也根据通用电气、美国股市和西屋的平均年度股票投资回报率排列了通用电气历代CEO的表现。以这种资料为准我们发现，韦尔奇和前辈相比，分别排名第二和第五，是极为优秀的，但他还不是通用电气历史上的顶尖人物。

韦尔奇在美国企业史上被赞誉为最有效率的CEO之一，这个光荣地位到目前都没有谁可以撼动，但是——这一点是关键——他的前辈也一样。韦尔奇改变了通用电气，他的前辈也一样；韦尔奇的表现胜过对手西屋的CEO，他的前辈何尝不是；韦尔奇广受同辈尊敬，成为当代"管理大师"，他的前辈亦然；韦尔奇奠定了通用电气未来繁荣的基础，他的前辈也一样。我们敬佩韦尔奇杰出的纪录，但是，我们更敬佩通用电气公司在100年中最高管理层一贯拥有卓越表现的惊人纪录。

拥有像韦尔奇这样优秀的CEO是企业之大福，而且通用电气的几乎全部的CEO都是企业自行培养和造就的，这不得不让人吃惊，通用电气的高瞻远瞩可能也是公司取得巨大成功的关键原因之一。事实上，整个CEO的选择过程，一直到最后选定韦尔奇当CEO，是传统的通用电气最优秀的一面。韦尔奇不但反映了公司的传承，也代表通用电气走向未来的改革倡导者。诚如长期担任通用电气顾问的诺埃尔·提区和《财富》杂志总编辑斯特拉特福·舍曼在合著的《通用电气传奇》一书中所说：

韦尔奇之所以能够接手通用电气，也在另一层面显现了老通用电气文化中合理、科学、最好、最重要的一面。前CEO琼斯花了很多年时间，从一群能力极为高强、后来个个几乎都领导大公司的人当中把韦尔奇挑了出来……琼斯坚持采用一种漫长、费事、彻底而吃力的程序，仔细地考虑每一个合格的人选，然后完全靠理智选出最适合的人，得到的结果足可列为企业史上继承人规划的典范。

琼斯是韦尔奇的前任CEO，为了公司未来的发展和继续拥有杰出的接班人，琼斯先是批准一个名为《CEO传承指引》的文件，然后又和公司高层经理人力小组经过层层筛选，把初步名单上全是通用电气人的96个可能人选减少为12人，再减为6个首要人选，其中包括韦尔奇。为了测验和观察这6个人，琼斯任命每个人都担任"部门经理"，直接接受CEO办公室领导。随后的三年里，他逐渐缩小范围，让这些候选人经历各种严格的挑战、访谈、论文竞赛和评估。程序中的一个关键部分包括"飞机访谈"。在访谈中，琼斯问每一个候选人："如果你和我同搭公司的飞机，飞机坠毁了，你我都丧命了，应该由谁来当通用电气公司的董事长？"（琼斯从他的前任博尔奇那里学到这一技巧。）韦尔奇最后赢得了这场严酷的耐力竞赛。落选的人后来则分别出任吉梯电信、乐伯美用品、阿波罗电脑、美国无线电（RCA）等大公司的总裁或CEO。

我们还有一个发现是不得不提到的，通过统计，我们发现，美国其他公司的CEO中有许多是出身于通用电气的，而且这个比例远远高于其他任何一个公司。我们一起来看下一个例子，和通用电气相比，西屋经常受最高层混乱不明和缺乏一贯性的干扰。担任过西屋CEO的人几乎两倍于通用电气，其中有人任期不到两年，西屋的CEO平均在位时间是8年，通用电气则是14年。此外，西屋过一段时间就到外面寻求CEO人才，而不是像通用电气公司那样，总是内部自行培养人才。乔治·威斯汀豪斯在1908年公司重整期间被赶出，取代他的是两个外人（两人都是银行家）。1946年，另一个外人（也是银行家）出任CEO，接着在1993年，经过1991和1992两年都出现以10亿美元计的亏损后，西屋再度到外面寻找CEO，这次请到百事公司一位经理人来经营公司。

为了印证我们的理念，我们决定以收集资料的方式来佐证西屋的内部传承程序，但是，我们发现，公司内外的出版物中都没有多少有关这个主题的材料。这一点也很有趣。通用电气对领袖的一贯性的高度重视，因此，公司内外的观察家对这一点都有很高的评价。和通用电气相比较来说，西屋对于自身未来领导人的培养和规划就差得很远很远了。

一、用内部晋升保存核心

自始至终，我们都没有抬高好的领导者在高瞻远瞩公司里的独特地位，但是，如果说最高管理层根本不重要，显然是错误的，认为随便一个人都可以当高瞻远瞩公司的CEO，而这家公司仍然可以继续前进，保持绝佳的地位，未免太过天真。最高管理层对一家公司会有影响，而且在大多数情况下都会有重大影响。问题是：会不会有正确的影响？管理层在发挥影响时，是否会保存公司的核心要素？

在培养和规划公司未来领导人的问题上，高瞻远瞩公司和对照公司相比较而言，最大的不同就在于高瞻远瞩公司更慎重和更加依仗从公司内部选拔和培养。从1806年到1992年间，我们发现，只有两家高瞻远瞩公司曾经直接到公司外面聘请CEO，比率是11.1%，却有13家对照公司直接聘用外人当CEO，比率是72.2%，我们持有资料的高瞻远瞩公司的113位CEO当中，只有3.5%直接来自公司外，对照公司的140位CEO当中，却有22%直接来自公司外。也就是说，高瞻远瞩公司提升内部人当CEO的可能性是对照公司的6倍。从另外一个层面上来说，在高瞻远瞩公司统计组合总共1700年的历史中，我们发现，只有4次外人直接接任CEO角色的个别案例。

言简意赅的说，注重公司继任领导者的品质和能力、看重接班人继承的连续性和一贯性，正是高瞻远瞩公司和对照公司之间最大的不同。高瞻远瞩公司和对照公司在公司历史的某些时期都曾经拥有绝佳的最高管理层，但是，高瞻远瞩公司拥有更好的管理发展和继承人规划，这是保持这座时钟能够继续滴答作响、发扬光大的关键。

二、领袖连续性循环图

纵观领袖连续性循环所必需的要素，我们看到，任何其中一个环节断裂都会致使管理层的断层，此时公司就不得不向外寻找CEO，从而使公司偏离其核心理念。这种管理上的断层还会阻碍发展，因为公司高层的混乱使其停滞不前。其实，在对照公司中我们常常看到这种情况，它与高瞻远瞩公司的"领袖连续性循环圈"形成了鲜明的对比，我们将这种模式称为"领袖断层"和"救世主综合症"。

三、先力时的领袖断层

先力时的著名领导者麦克唐纳可谓是一代风云人物，但我们不无惊奇地发现，在其生前，没有培养任何一位有能力的继承人，死后由最亲近的同事休·罗伯森接任CEO，但是，当时他已经年愈古稀，《财富》杂志在1960年评论说："先力时现在主要是靠着旧强人传下的动力前进……不是依靠未来领袖带来的动力。"罗伯森做了两年，传位给极为保守的公司法律顾问约瑟夫·赖特，赖特放任公司逐步背离全力追求高品质的核心价值；1968年公司内部员工萨姆·开普兰升任CEO，但是，他在1970年突然死亡，先力时再度面临最高经理人真空，他们认为需要一位外来的救星拯救公司，经过努力的寻找后，先力时雇用福特汽车的约翰·聂文当CEO。

但令人扼腕叹息的是，约翰·聂文在担任CEO的很长一段时间内，并没有展现出其过人的领导才能，而且让公司继续背离了原有的价值观。他1979年辞职，已经退休的前任董事长赖特被迫在68岁高龄重新出马，并设法重整旗鼓。赖特提拔雷文·克卢克曼当CEO，但是克卢克曼和前辈开普兰一样，任职两年后突然去世，使先力时再度面临继承危机。

和上面一个例子相比较，摩托罗拉则完全没有出现相类似的状况，它更是被树立为管理一贯性和保存核心理念的典范。创办人保罗·盖尔文在正式传位给儿子鲍勃·盖尔文之前很多年就开始培养他；小盖尔文1940年还在念中学时就开始在摩托罗拉工作，那时距他成为总裁还有16年，距他成为CEO有19年。老盖尔文为了确保小盖尔文从最基层的业务做起，把小盖尔文的特权降到最低。小盖尔文早上7点到人事处报到，应征暑期工作时，一位经理不按规矩要带他直接会见人事部门主管，小盖尔文婉拒了。他希望从最基层干起，就像每一个摩托罗拉人的必经之路一样。

小盖尔文从小就在公司的良好氛围熏陶下茁壮成长，然后在父亲去世前3年和父亲共同执掌总裁的职务。"家父常常……声明我们父子同心，可以像一个人一样行动，他和我都可以单独就任何问题采取行动，另一个人都会支持。"老盖尔文传记的作者写道，上一代到下一代的经验传承无日无止，经年累月。接着，小盖尔文在1959年父亲去世后，几乎立刻就开始思考经理的培养和下一代继承人的规划——离他把控制权交下去足足有四分之一个世纪。

为了使公司不管在何种境遇下都能保证有杰出的管理者接手和应对，同时也为了秉承公司一如既往的观念，小盖尔文抛弃了CEO限于一人的传统观念，主张由几名成员组成"CEO办公室"。他主张在任何时候，这个办公室都由几名（通常是3名）成员组成，而不是只有一位领袖。小盖尔文写道："我们对于继承次序，始终都有不公开、但是明确的认知，我们在（我是CEO办公室成员之一的）整整四分之一个世纪里，一直都准备好应付不期而至的变化。"

摩托罗拉公司的一贯理念也扩展到下属的办公室，让公司上下全部弥漫着这样的管理概念和规划继任者的美好氛围。盖尔文知道这种做法在管理学家之间颇有争议——更不必说不易管理了——但是他主张"利润"远重于"成本"。他在1991年写道："如果希望最高层办公室的观念成功推行，就需要经验丰富、在事业生涯较早阶段就适应这种角色的人选，经验基础必须靠同一层级的工作提供……类似"CEO办公室"的做法的确有缺点，有些人曾明白表示不喜欢这种做法……这种办公室可能发出互相冲突的信息……因此，有些办公室有时候不能发挥作用，有些人选会离开或被冻结，但是，运作顺利的情况比较多……现在还在应用就是明证。平心而论，这是人才的象征，就继承问题而言，这个方法向来提供资讯最充分的对策，绝对有助于荐用能力卓越、可以进入CEO办公室的人选。"

在摩托罗拉运营的时间段内，不管国际环境和经济环境如何变迁，它从来都没有出现过领导断层这个令人十分头疼的问题，即使是在突然失去最高的管理人才时也一样。例如1993年，CEO办公室的重要成员乔治·费舍尔离开摩托罗拉，出任柯达CEO。在大多数公司里，这么能干的CEO突然离开一定会造成混乱、不安和管理断层——就像先力时的CEO突然死亡时那样——但在摩托罗拉不会，CEO办公室的另外两位成员，54岁的盖利·图克和43岁的克里斯托夫·盖尔文就顶起空缺，同时摩托罗拉也开始内部作业，从训练有素、数量庞大的管理人才中挑选一位新人，接任CEO办公事的第三位成员。《纽约时报》在一篇标题为《摩托罗拉将可安然无恙，谢谢》的文章里总结说："费舍尔先生有幸能够放心地离开，他知道摩托罗拉几乎有最万全的准备，承受得住这一令人惊异的事情。"

四、管理混乱导企业衰落

为了很好的说明和论证此问题，我们通过整理资料，再一次看到公司管理层发生断裂和中断并不仅限于西屋、高露洁、先力时这样的大企业，对照公司中这样的例子比比皆是，20世纪50年代的梅维尔公司就曾经发生过这样的事情。当时华德·梅维尔发现自己没有安排好继承人，但因为他"非常想退休"，便急切地想把公司交给别人——任何一个人都行，于是就把职位交给一位没有准备、甚至不想要这个职位的生产经理，结果公司急剧衰落。后来梅维尔评论说："我震惊地发现，人选不当居然能让业绩恶化得这么快。"接着梅维尔展开一年之久的寻觅，希望找到一位外人来当CEO，挽救公司；幸运的是，梅维尔最后明智地放弃寻找外人，改为培养公司内部一位有前途，后来证明非常能干的CEO。

还有一个比较著名的对照公司——道格拉斯飞机公司，20世纪50年代的尾端，也发生了继任领导者中断的尴尬问题，我们来详细地看一下这个案例。创办人老唐纳德·道格拉斯把公司交给准备不足的儿子小唐纳德·道格拉斯。"小唐纳德根本无力接替他的老父亲的职位"。一位传记作家写道："儿子认为是敌人对他施加报复（大多数是他父亲的重臣），……于是把有经验的管理人员赶下台，换成自己的亲信。"在小道格拉斯忙于替亲信安排高位时，能干的经理们纷纷离去，而这时却是公司面临波音毫不容情的屠杀，最需要这些经理的时候。20世纪60年代初期，道格拉斯飞机绝望地设法——却没有成功——赶上波音时，丧失经营管理人才使道格拉斯束手无策。公司在1966年遭遇悲惨的危机，小道格拉斯为了救亡图存不得已选择和麦克唐纳飞机公司合并。

　　不无惊奇的是，像雷诺这样的顶尖大企业在20世纪70年代也出现了此类问题，这又是一个十分让人困惑且无奈的案例。当时曾任联邦百货总裁的公司董事保罗·斯蒂克协助推翻预定继承人的接班规划，然后上下联手，让自己成为总裁。到1985年，雷诺并购纳比斯克食品后，在企业史上著名的高级经理大换血惨剧中，纯粹是公司传统的异类的罗斯·约翰逊成为CEO。布莱恩·宝来和约翰·黑里尔合著的《开门揖盗：雷诺纳比斯克沦落记》一书里，对这些事情有详细的记载，专长投资理财的柯相柯拉维公司发动并购战，靠着垃圾债券融资买下雷诺纳比斯克，引进了另一位外来的CEO，约翰逊的时代终结。

　　同样的悲剧也发生在美利坚百货的身上，而且这一次教训的代价还是惨痛的。创办家族眼睁睁地看着自己创造的公司，由于没有可以胜任的继承人，进而引进外人负责经营，最终遭到毁灭。宝来公司也是如此，因为公司"在我们的管理层结构中面临明显的断层，公司在麦克唐纳独裁统治期间，没有培养新的经理人"。因此，从班迪克斯引进了外人迈克尔·布鲁门撒。大通曼哈顿银行、霍华德·约翰逊、哥伦比亚电影也都发生过这种事情。

如果说前面的案例还不够震撼你的话，下面的事例绝对会让你惊呼，众所周知，迪斯尼和IBM都是世人瞩目和认可的高瞻远瞩公司，但领导者断层的问题同样发生在他们的身上。在迪斯尼，沃尔特·迪斯尼没有培养任何能干的继承人。公司在20世纪70年代沉沦下去，因为经理人漫无头绪，老是自问："沃尔特·迪斯尼怎么做？"为了拯救公司，董事会在1984年3次礼聘麦克·艾斯纳和法兰克·韦尔斯。但是，我们乐于指出，迪斯尼即使在选择外人时也刻意尽最大力量保持理念的一贯性。负责指导寻找外界人才的雷·华森找上艾斯纳，不仅因为他在业界有辉煌的纪录，也因为艾斯纳了解和欣赏——而且真正毫不保留地拥护——迪斯尼的价值观，一位迪斯尼人扼要地说明："艾斯纳变得比沃尔特·迪斯尼还沃尔特·迪斯尼。"迪斯尼的案例显示一个要点：如果你的公司觉得必须外聘最高层经理人，也要找和公司核心理念高度一致的人选，他们的管理风格可能不同，但是应真心地赞同公司的核心价值。

我们拿什么样的视角来审视IBM的事例呢？IBM董事会在1993年决定撤换自行培养的CEO，代之以雷诺出身、毫无电脑工业经验的外人郭士纳。这一重大的异常现象，怎么符合我们在其他高瞻远瞩公司见到的情形呢？我们觉得IBM的决定毫无意义，至少就我们研究过的高瞻远瞩公司合计1700年历史的架构来看，这样做毫无意义。

IBM董事会之所以会选择这样的途径——寻求外来领导人，可能是基于需要外部的新鲜血液来带动自身企业腾飞的梦想吧。对于这个假设，我们只简单地回答：请看韦尔奇的例子，韦尔奇这位"当代企业变革大师"全部的职业生涯都服务于提升他为CEO的公司。IBM拥有地球上最完备的管理人才培养计划，有雇用杰出人才的悠久历史，我们根本不能相信IBM里竟然没有一位才干可匹敌韦尔奇的改革分子；要是IBM在公司里找不出至少一打与外聘人员一样能干的内部人才，才真正叫我们吃惊。IBM董事会和求才委员会希望激烈的变革和进步，请来郭士纳后，或许可以达成目标，但是，IBM真正的问题——其实是今后10年的关键问题——是郭士纳是否能够保持IBM的核心理念，同时带来重大的变革？假如可以做到这一点，IBM也许真的能够重新返回世界最高瞻远瞩公司的行列。

反复的案例印证了一个论点，诸如通用电气、摩托罗拉、宝洁、波音、诺世全、3M和惠普等世界瞩目的大企业，即使为了践行自己的理念和寻求更大的发展，也不应该去寻求外援去担任最高管理层的职务。

五、CEO、经理人和创业家借鉴

言简意赅，无需赘述，我们可以直截了当地晒出我们得出的结论：想以聘请外贤担任最高经理人成为高瞻远瞩公司并保持这种地位，极为困难；同样重要的是，从内部提升和刺激重大的进步绝对没有冲突。

假如你正在担任某家企业的CEO或者未来有志于创办属于自己的企业，你就应该铭记教训，从现在起就应当规划好经理人培养程序和继承人的长期规划，以确保一代一代顺利传承。请记住：因为沃尔特·迪斯尼构建滴答作响的时钟时忽略了这个重要部分，以致美国象征之一的迪斯尼陷入了可怕的困境；我们请你不要重蹈高露洁、先力时、梅维尔、美利坚百货、雷诺和宝来等公司的覆辙，不要陷入只有引进外人才能在最高层带来变革和进步的陷阱。外人可能淡化或摧毁公司的核心。关键是要培养和提升能够刺激健全的变革和进步，同时又能保存核心的内部干才。

假如你现在所处的职位并没有在很高的起点，我们可以很坚定地说，本章节的要义，你也可以同样据为己有并且运用于实践当中。如果你想在一家大公司里建立一个高瞻远瞩的部门或团体，也可以思考培养经理和继承人规划的事情，只是规模较小而已。如果你被汽车撞了，谁能接替你的角色？你要怎样帮助这些人发展？你要做什么规划，以确保你高升时能够顺利而有秩序地传承？（你也可以问上级，看他们采取什么措施能确保顺利传承。）最后一点是，如果你找到一家真正合得来的高瞻远瞩公司，这家公司或许值得你留下来培养自己的能力，这样或许胜过跳槽。小公司和创业家如何应用本章内容呢？显然小公司不可能像通用电气一样，在推动继承过程之初就排出96位人选，但是，中小企业一样可以培养经理和规划继承人。保罗·盖尔文细心教导儿子当CEO时摩托罗拉还是一家小公司；默克、宝洁、强生、诺斯特龙和马利奥特等公司传承给家人时也一样；萨姆·沃尔顿在公司只有50家商店时就开始思考公司未来的管理层；休利特和帕卡德在20世纪50年代惠普只有500个员工时就正式开始了经理计划和详尽的继承人规划。

我们发现了一个很有趣的现象，由于要经历很多年的摸爬滚打，创建高瞻远瞩公司的那些精英群体一般都会在位很长一段时间，但即使是这样，很多公司都在真正的传承时刻之前很久就规划好了继承事宜。如果你是中小企业人士，这一点表明你要采取非常长远的观点。根据一个伟大的构想设立一家公司，迅速成长、赚钱退出、并把公司传交给外来职业经理人的企业模式，很可能无法产生另一家惠普、摩托罗拉、通用电气或默克。

从长远的考虑来看，有志于创办高瞻远瞩公司的那些优秀企业家，应该真正关心的问题不是在当代公司的发展问题，而是着眼于公司在下一代、下下代、再下一代的表现。零散的领导者可能会迅速消亡，但是一家高瞻远瞩公司却可以高歌猛进数载，追求远超出任何领袖任期的目的，并表现其核心价值。

08

对企业业务流程重组
做出根本性思考的管理大师

——迈克尔·汉默

BPR领域卓有成就的大师

——迈克尔·汉默

迈克尔·汉默，生于1948年，是美国乃至享誉世界的著名管理学家，在管理学界有"企业再造之父"的美誉，其学士、硕士和博士学位的获得都是在麻省理工学院完成的。曾在IBM担任软件工程师，麻省理工学院计算机专业教授，以及Index Consulting集团的PRISM研究负责人。凭借其再造理论及对美国企业的贡献，《商业周刊》称誉汉默为"20世纪90年代四位最杰出的管理思想家之一"，1996年《时代》杂志又将汉默列入"美国25位最具影响力的人"的首选名单。

但在20世纪80年代以前，迈克尔·汉默还一直默默无闻，时任一个管理公司的咨询顾问。20世纪80年代末，他总结自己的研究成果，诠释了"再造"一词，用来形容利用信息技术对企业业务过程的彻底改造，实现企业业绩的大增长。

1990年，哈默在其《再造：不是自动化，而是重新开始》的一文中，第一次向世人提出了企业再造的理念，从而一举成名，《哈佛商业评论》也对此文进行了大篇幅的报道。1993年，他和詹姆斯·钱皮（James A.Champy）合著的《再造企业：经营革命宣言》一书出版，迅速成为国际畅销书，连续六个月被《纽约时报》列为非小说类的头号畅销书，并在出版的当年被译成14种不同语言的版本向世界各国传播。该书明确提出了再造理论概念，在全球刮起一股再造旋风。以后，他们又陆续出版了《再造革命》（1995年）、《管理再造》（1995年）、《超越再造》（1996年）等著作，丰富和发展了企业再造理论。

"企业再造理论有很多种称谓，例如"公司再造""再造工程"等等，在西方世界中更被神乎其神地唤为"毛毛虫变蝴蝶"的革命。《再造企业》一书中，汉默给出"再造"的定义：为了取得经营业绩的戏剧性提高，企业应该再造经营——运用现代信息技术的力量急剧地重新设计每项业务的核心流程。该书的副标题用了"革命宣言"，旨在强调"再造"是全新的经营理念。

"企业再造"的定义是什么呢？一般来说，我们可以这样笼统地概括为以工作流程为中心，重新设计企业的经营、管理及运作方式，在新的企业运行空间条件下，改造原来的工作流程，以使企业更适应未来的生存发展空间。它以一种再生的思想重新审视企业，并对传统的管理学赖以存在的基础——分工理论提出了质疑，是管理学发展史中的一次巨大变革。

"企业再造"的理念是崭新的，这犹如晴天霹雳，大大震撼了整个管理学界，这一全新理念也成为人们茶余饭后的谈资，被广泛地传播开来。再造理论从提出至今，理论界和实践者投入了很大的精力进行研究，因而得到迅速推广，为企业带来了显著的经济效益，涌现出大批成功的范例。据说，在1994年，美国3/4的顶尖大公司都展开了再造工程。IBM信用公司通过流程改造，一个通才信贷员代替过去多位专才并减少了九成作业时间的故事更是广为流传。

事物发展都是具有两面性的，"企业再造"理论一方面为企业发展带来全新理念，另一方面也为企业的发展带来了极大的风险。汉默和钱皮在书中说，"50%到70%的从事再造的企业都没有达到预期的效果，或者说是失败了。"到1996年底，企业再造理论的吸引力开始减弱。原因有很多，后来的研究指出，主要原因是再造工程对人员和组织的本质产生了副作用。

"企业再造"理论本身也有考虑不周的地方，就连汉默自己也承认，由于该理论没有充分估计到人的影响因素，以至于很多时候"企业再造"等同于成千上万工人被解雇的代名词。汉默出于一个虔诚的犹太教徒的良知对这种副作用忧心忡忡，甚至夜不能寐。

汉默于1997年又出版了《超越再造工程》一书，对企业再造理论的利弊进行了大范围修正。此后几年，汉默潜心钻研，并继续着他的顾问生涯，新积累的材料和经验使他在2001年10月推出了新著《企业行动纲领》，他宣称如今的新经济是顾客经济，如今的市场是买方市场，从稀有物品到稀有顾客这一转变是区别过去10年和未来10年的本质标志，此书旨在指导商业人士如何在一个顾客占据优势地位的经济中生存和拼搏。这本书中体现出来的人本精神可看作是对再造工程人性关怀不足的弥补，也体现着汉默基督徒的情怀和学者的责任感。

2008年9月3日，迈克尔·汉默告别了他深深热爱的世界，通过以上对他人生经历的简要介绍，我们不得不说汉默确实是一位有责任心且不断追求进步的管理大师，他的离去实乃管理学界的损失。

企业业务流程
重组思想的提出

"今天，我们面临一个转变的时代，一切都在变，许多我们以前不敢想象的、不以为然的事情，现在都一一实现了。""一整套两个多世纪之前拟定的原则在19世纪末20世纪初的岁月里对美国企业结构、管理和实绩起到了塑造定型的作用。我们说，现在应该淘汰那些原则，另外制定一套新的了。"以上两段文字是汉默在其重要论著《企业再造》中开篇就提出的观点，以此宣告了其全新理论的诞生。

吹响号角的人是迈克尔·汉默，美国的管理学家、美国著名企业管理大师、原麻省理工学院教授，被誉为"企业再造工程的鼻祖"。

经济这个大车轮滚到了20世纪80年代初到90年代这一段时间，此时西方国家经济发展经历短暂春天后有重新颓败之势，许多规模庞大的公司组织结构臃肿，工作效率低下，难于适应市场环境的变化，出现了"大企业病"的现象。当时迈克尔·汉默与CSCIndex顾问公司执行长官詹姆斯·钱皮为了改变这种状况，在广泛深入调研的基础上提出了"企业再造"理论。

在上述大背景下，本着解决问题的初衷，迈克尔·汉默和詹姆斯·钱皮将两人多年的理论心得编成《企业再造：企业革命的宣言书》一书。该书认为，企业可以通过重新塑造操作流程再创奇迹。此书的出版在企业与实业界引起了巨大震动，当时该书连续8周被美国《时代》杂志评为全美最畅销图书，一场蔚为壮观的企业流程再造革命由此掀起了高潮，企业再造工程由当时的北美和西欧开始向全世界迅速蔓延。

《企业再造》的大体框架是以一系列案例并结合相关理论知识撰写而成，全面而系统地探讨了企业应如何进行自我改造。本书系统阐述了企业流程再造即BPR（Business Process Reengineering，也译作"企业流程重组"、"流程再造"）思想，提出再造企业的首要任务是BPR，只有建设好BPR，才能使企业彻底摆脱困境。

在《企业再造》一书的全新理论影响下，BPR理论成为当今企业界和管理学界研究的热点。据有关资料报道，目前在600多家欧美大型企业中，有70％的企业在推行BPR计划，有15％的企业表示正在积极考虑。很多企业家将汉默的理论称之为"新的工业革命理论"，他们希望依靠此理论的指导，迅速提高企业实力，增强在国际、国内两个市场的竞争能力。

汉默对于企业
业务流程重组的思考

　　随着世界经济呈现不同的发展趋势以及业务流程重组（简称BPR）理论在全世界领域的大热，该理论迅速成为现当代企业和管理学界研究的热点。BPR理论是于1990年首先由美国著名企业管理大师迈克尔·汉默先生提出，美国的一些大公司，如IBM、科达、通用汽车、福特汽车等纷纷推行BPR，试图利用它发展壮大自己，实践证明，这些大企业实施BPR以后，取得了巨大成功。

　　由于各个领域的人们所从事的具体行当不同以及出发点不一样，致使有关BPR的定义存在诸多种不同的提法，比如有的观点认为BPR就是对组织中及组织间的工作流程与程序的分析和设计；有的观点认为BPR是使用信息技术从根本上改变企业流程以达成主要企业目标的方法性程序；也有的观点认为BPR是对企业流程的基本分析与重新设计，以获取绩效上的重大改变。尽管观点的描述不尽相同，但它们的内涵是相似的，即BPR的实质是一个全新的企业经营过程（这里的企业经营过程是指为了达到某一经营目标而实施的一系列逻辑），这个过程不受现有部门和工序分割的限制，以一种最简单、最直接的方式来设计企业经营过程，要面向经营过程设置企业的组织结构，以实现企业的重组。

　　鉴于上述林林总总的论述，我们很难去完整地描述，一般来说，比较权威的BPR定义应是指通过资源整合、资源优化，最大限度地满足企业和供应链管理体系高速发展需要的一种方法，它更多地体现为一种管理思想，已经远远超出了管理工具的价值，其目的是在成本、质量、服务和速度等方面取得显著改善，使企业能最大限度地适应以顾客、竞争、变化为特征的现代企业经营环境。

一、产生背景

任何新事物的产生都是在一定的背景下完成的，企业再造理论也是这样。随着20世纪六七十年代信息技术革命的到来使企业的经营环境和运作方式发生了很大的变化，而西方国家经济的长期低增长又使市场竞争日益激烈，企业面临着严峻挑战。以下是管理学界的专家为了更好地去描述这种全新的挑战，运用了3C理论去阐释这一问题：

1. 顾客（Customer）——买卖双方关系中的主导权转到了顾客一方。竞争使顾客对商品有了更大的选择余地；随着人们生活水平的不断提高，顾客对各种产品和服务也有了更高的要求。

2. 竞争（Competition）——技术进步使竞争的方式和手段不断发展，并发生了根本性的变化。越来越多的跨国公司越出国界，在逐渐走向一体化的全球市场上展开各种形式的竞争，美国企业面临日本、欧洲企业的竞争威胁。

3. 变化（Change）——市场需求日趋多变，产品寿命周期的单位已由"年"趋于"月"，技术进步使企业的生产、服务系统经常变化，这种变化已经成为持续不断的事情。因此在大量生产、大量消费的环境下发展起来的企业经营管理模式已无法适应快速变化的市场。面对这些挑战，企业只有在更高水平上进行一场根本性的改革与创新，才能在低速增长时代增强自身的竞争力。

在上述大背景下，以及美国的诸多企业为应对日本、欧洲等国家企业挑战绞尽脑汁的时候，汉默和钱皮适时共同撰写了《再造企业》一书，书中认为："20年来，没有一个管理思想能将美国的竞争力倒转过来，如目标管理、多样化、Z理论、零基预算，价值分析、分权、质量圈、追求卓越、结构重整、文件管理、走动式管理、矩阵管理、内部创新及一分钟决策等"。1995年，钱皮又出版了《再造管理》。汉默与钱皮提出应在新的企业运行空间条件下，改造原来的工作流程，以使企业更适应未来的生存发展空间。这一全新的思想震动了管理学界，一时间"企业再造""流程再造"成为大家谈论的热门话题，汉默和钱皮的著作以极快的速度被大量翻译、传播。与此有关的各种刊物、演讲会也盛行一时，在短短的时间里该理论便成为全世界企业以及学术界研究的热点。IBM信用公司通过流程改造，实行一个通才信贷员代替过去多位专才并减少了九成作业时间的故事更是广为流传。

二、核心内容

依据BPR的权威定义，我们可以适时归纳出BPR所应该包括的四大核心内容——根本性、彻底性、戏剧性和业务流程。

三、根本性

顾名思义，这个内容比较多的关注的是企业核心问题，诸如"我们为什么要做现在这项工作""我们为什么要采用这种方式来完成这项工作""我们为什么必须由我们而不是别人来做这份工作"等一系列值得深入思考的问题。通过对这些企业运营最根本性问题的思考，企业将会发现自己赖以生存或运营的商业假设是过时的，甚至是错误的。

四、彻底性

对已经存在的事物不是进行肤浅的改变或调整性修补完善，而是抛弃所有的陈规陋习，并且不需要考虑一切已规定好的结构与过程，创新完成工作的方法，重新构建企业业务流程，而不是改良、增强或调整。

五、戏剧性

这是一个非常严肃和必须要认真对待的内容，此内容意味着业务流程重组想获得的不是小打小闹或者鸡毛蒜皮的一点小改变，而是要使企业业绩有显著地增长、极大地飞跃和产生戏剧性变化，这也是流程重组工作的特点和取得成功的标志。

六、业务流程

看到这个标题，我们就可以想象此中的定义。业务流程重组将大部分精力放在了企业的业务流程上，并围绕业务流程展开重组工作，业务流程是指一组共同为顾客创造价值而又相互关联的活动。哈佛商学院的Michael Porter教授将企业的业务流程描绘为一个价值链。竞争不是发生在企业与企业之间，而是发生在企业各自的价值链之间，只有对价值链的各个环节——业务流程进行有效管理的企业，才有可能真正获得市场上的竞争优势。

1. 企业内部业务流程重组的原则

大力倡导业务流程重组，究竟有哪些益处呢？我们认为最起码有以下几个方面：为企业创造优化的业务流程，提升企业的核心竞争力，在业务流程重组过程中的工作重点，就是要消除价值传递链中的非增值活动和调整核心增值活动。这里要遵循的原则如下。

（1）清除

所谓清除其实就是要求早早发现并及时消除非增值活动，如过量生产或过量供应、等待时间、运输、转移和移动、不增值或失控流程中的加工处理环节、库存与文档、缺陷、故障与返工、重复任务、信息格式重排或转移、调停、检验、监视和控制等。

（2）简化

在完成了清除的任务以后，工作重心就要迅速转移到对剩下的必要活动进行简化，如程序和流程、沟通流程、技术分析流程和问题区域设置流程等。

（3）整合

在完成简化的计划以后，接下来需要做的就是再进一步对相关任务进行整合，以使之流畅、连贯并能够满足顾客需要。如为实现面向订单的单点接触的全程服务，由一位员工独立承担一系列任务的工作任务整合；为了高效优质地满足顾客需要，组建单个成员无法承担的系列任务的团队；整合顾客和供应商的资源等。

（4）自动化

上面三大步骤一一完成以后，还需要对接下来的任务做一个进一步的促进，充分运用和发展信息技术的强大功能，实现以流程加速与提升顾客服务准确性为目标的自动化。

在完成通产的任务以后，接下来进行的重组之后的业务流程将表现为以下几个特征：组织扁平化，决策权下放或外移；审核与控制明显减少；取消装配线式的工作环节；同步工作代替了顺序工作方式；通才或专案员主导型的工作方式；管理者的工作职责转变为指导、帮助和支持。

2. 企业内部业务流程重组的原理

企业内部的业务流程重组是一个纷繁复杂的过程，所要做的改进原理无外乎以下几个方面：（1）消除浪费；（2）减少浪费；（3）简化流程；（4）需要时可能组合流程步骤；（5）设计具有可选路径的流程；（6）并行思考；（7）在数据源收集数据；（8）应用信息技术改进流程；（9）让用户参与流程重组。其中较为重要的就是"简化流程"。

3. 简化流程

组织流程中存在诸多效率低下以及让人失望的地方，这是由许多原因导致的，我们不妨一一列举一下，比如设计不完善、需求变化、技术过时、官僚主义的滋生等原因。流程化正是解决这一问题行之有效的技术。

4. 时机

一般来说，在BPR运行的整个过程中，如果经常出现接下来的三类现象，企业就非常有必要进行流程简化工作。

（1）问题解决流程所占用的时间成本存在改进的可能。

（2）瞄准标杆的结果表明，与竞争者相比，企业在产品或服务的配送成本或包括服务或技术支持的响应速度上存在明显的劣势。

（3）在分析问题，解决流程过程中，发现对满足顾客需要贡献甚微或几乎无法贡献的活动。

5. 作用

谈到发生作用的一方面，我们不得不说将非增值性步骤清除以后，可以有针对性地提高为顾客提供产品与服务的效率，提高对质量管理环节的监控能力。流程简化的作用主要表现为以下四点：

（1）使响应能力得到提升。这一响应能力的提升体现在产品配送这一为顾客服务的环节上面。由于每个子环节的运转速度加快了，就促使紧随其后的环节跟进性动态改变，最终提高了顾客的满意度。

（2）使成本缩减。跟无效的预算彻底说再见。

（3）使次/废品率降低。发生效能的主要方面就是容易导致次/废品出现的无效低能环节的减少，次/废品率也将出现明显的下降。

（4）使员工满意度得到明显增强。假如流程的有效性和易操作性得到明显提高，那就说明员工将被授予更多的权力，对自身工作进行具体决策，这无疑会大大提高员工参与工作的热情和干劲。

6. 主要方法

（1）使那些以成本为发展方向的流程得到简化。此种方法也是一种最基础的流程简化方法，它旨在通过对特定流程进行的成本分析，来识别并减少那些诱使资源投入增加或成本上升的因素，该方法适用于对产品的价格或成本影响较大的那些活动。操作前提是不能以损害那些必要的或关键的能够确保满足顾客需要的流程或活动为代价。

（2）使那些以时间为发展方向的流程简化。这种广泛运用在缩减产品的运作周期，进而使操作流程得到极大简化。其特点是注重对整个流程各环节占用时间，以及各环节间的协同时间进行深入的量化分析。

（3）一种将重点放在结构重新组合上的流程简化方法。此种方法力求使长期流程能力得到极大提升，而对整个业务流程进行根本性再设计的方法。该方法强调在企业组织的现有业务流程绩效及其战略发展需要之间寻找差距与改进空间。实施要求组织自上而下，制定跨部门、跨企业的执行计划，相应的资源投入也是非常可观的。

怎样进行
企业流程再造

在20世纪90年代，世界上共同存在三大著名管理理论，分别是企业流程再造与标杆管理、战略联盟，有一点值得注意的是，怎么样才能使企业流程再造更好地为实际生活服务，不同的社会群体各自发表了不同的见解。

从宏观意义上来说，企业再造理论强调说，在外部的经济大环境发生剧烈转变的状态下，企业此时也要迅速适应形势的变化，利用现代信息技术并在良好的企业文化基础上，建立新的企业流程，以减少不必要的浪费，迅速满足顾客需求，提高企业的市场应变能力和竞争力。

汉默持有这样的观点"信息技术是作业流程再造的必要条件，如果没有信息技术，要说再造，无异于痴人说梦"。也就是，企业再造是作业流程与信息技术的创造性结合，就现在来说，MRP（制造资源计划）、ERP（企业资源计划）与作业流程再造是企业再造比较理想的结合。

信息技术的的蓬勃发展，其作用表现在以下几个方面：提高了人们的工作效率，缩短了企业之间的距离，改变了许多传统的工作方式，使以前无法做到的事情逐一变为现实。恰恰因为信息技术的发展造就企业传统工作方式发生了转变，才使企业再造从构思变为现实，才使信息技术与作业流程的创造性结合出现奇迹。

值得强调的一点是企业自身的发展变化是由信息技术带来的，不过信息技术的广泛运用却不是企业再造本身。也就是说，企业流程再造不仅仅是流程的自动化，而更重要的是流程再设计。如果只把信息技术简单地用于原有流程的企业是不可能获得再造的成功的，只有利用信息技术对原有流程进行根本性的重新思考和彻底的重新设计，才是企业再造的正确思路。

企业再造想要取得实质性的成功，是需要企业文化做严格保证的。日本流程再造专家小林裕一认为，"流程与企业的独特个性及文化等有着密切的关系"，两个有着明显文化差异的企业，其流程也会有很大的差异。例如，一家德国的塑钢窗公司制造流程有19道工序，而一家同样生产塑钢窗的美国公司，其流程只有13道工序。一个是以"质量取胜"，争取其产品美观大方，所以在流程中增加了许多复杂的工序；另一个是"迅速满足顾客要求"，在保证质量的前提下，采用相对简单的流程，能够进行大批量生产，其差异就在于两家公司的文化不同。

由上述论断，我们深深的感觉到，企业文化会渐渐渗透到流程设计中。如果一家公司的再造工程没有良好的企业文化作为基础，则很难走向成功。拥有一个与之前陈旧的企业文化相区别的新的企业文化，在很大程度上会决定一个企业能否取得成功，不过这种文化的建立是一项非常艰巨的工作，它要求企业领导和全体员工必须有坚定的信念和持之以恒的决心，绝对不能半途而废，否则就会导致再造工程的失败，在通过艰苦努力逐渐建立起来全新的企业文化之后，还必须注意保持新文化的发展和强大，以防止旧文化的复辟。

09

社会营销理念的
提出和倡导者

——菲利普·科特勒

现代营销学之父
——菲利普·科特勒

菲利普·科特勒（Philip Kotler，1931年—）具有麻省理工大学的博士、哈佛大学博士后及苏黎世大学等其他8所大学的荣誉博士学位。任美国西北大学凯洛格管理学院终身教授，美国管理科学联合市场营销学会主席，美国市场营销协会理事，营销科学学会托管人，管理分析中心主任，杨克罗维奇咨询委员会成员，哥白尼咨询委员会成员等。他是现代营销集大成者，被誉为"现代营销学之父"。

科特勒经典营销理论的出台是建立在其丰富见识的基础之上的，他见证了美国经济发展的全貌，从而有深刻的认识，他是很多美国大企业的营销顾问，并影响了数量众多的美国大企业家。这些企业包括：IBM、通用电气（General Electric）、AT&T、默克（Merck）、霍尼韦尔（Honeywell）、美洲银行（Bank of America）、北欧航空（SAS Airline）、米其林（Michelin）等。此外，他还曾担任美国管理学院主席、美国营销协会董事长和项目主席以及彼得·杜拉克基金会顾问。同时他还是将近20本著作的作者，为《哈佛商业评论》《加州管理杂志》《管理科学》等一流杂志撰写了100多篇论文。

他获奖无数，我们可以简单列举一下，包括"保尔·D.康弗斯奖""斯图尔特·亨特森·布赖特奖""杰出的营销学教育工作者奖""营销卓越贡献奖""查尔斯·库利奇奖"。他是美国营销协会（AMA）第一届"营销教育者奖"的获得者，也是唯一三次获得过《营销杂志》年度最佳论文奖——阿尔法·卡帕·普西奖（Alpha Kappa Psi Award）的得主。1995年，科特勒获得国际销售和营销管理者组织颁发的"营销教育者奖"。

科特勒著作数量丰硕，被翻译成多种文字，畅销于58个世界上最具影响力的国家和地区。其中，《营销管理》一书更是被营销界极力推崇。他的《营销管理》不断再版已是第十二次再版，是世界范围内使用最广泛的营销学教科书，该书成为现代营销学的奠基之作，它被选为全球最佳的50本商业书籍之一，许多海外学者把该书誉为市场营销学的《圣经》。在大多数学校的MBA项目中，这本著作是市场营销学的核心教材。其他被采用为教科书的还有：《非赢利机构营销学》《新竞争与高瞻远瞩》《国际营销》《营销典范》《营销原理》《社会营销》《旅游市场营销》《市场专业服务》以及《教育机构营销学》《亚洲新定位》和《营销亚洲》。

科特勒一生的研究重点都放在了营销战略与规划、营销组织、国际市场营销及社会营销等领域，他最近把研究重心放在：高科技市场营销，城市、地区及国家的竞争优势研究等。他创造的一些概念，如"反向营销"和"社会营销"等，被人们广泛应用和实践。

一般来说，每每提到科特勒，人们更多的是想到他在市场营销学方面的贡献，其实我们不知道，他其实是从经济学领域涉入管理的，在相继获得芝加哥大学的硕士学位和麻省理工学院的博士学位后，他重返芝加哥大学从事行为科学的博士后研究，并在哈佛大学钻研数学。1962年，他受邀加盟凯洛格管理学院，从此开始了令人尊敬的执教生涯，他从营销学助教开始，一步一步走向营销学的顶峰。

我们截取了《金融时报》对其的评价，从中可以大致了解其在营销与管理方面成就的三个重要点：（1）在鼓吹市场营销的重要性上，他比任何一位学者或者商业作者做得都多，从而把市场营销从一种边缘性的企业活动，提升成为生产经营过程中的重要工作。（2）他沿着现代管理之父彼得·德鲁克提出的一种趋势继续前进，把企业关注的重点从价格和分销转移到满足顾客需求上来。（3）他拓宽了市场营销的概念，从过去仅仅限于销售工作，扩大到更加全面的沟通和交换流程。全球大部分产业产品过剩，实际上，问题不是出在供给层面，而是需求层面。过多的产品在追求过少客户的青睐。与此同时，全球化、资讯科技以及网络也带来了巨大的市场变化，对企业生存环境产生了革命性的冲击，这些都要求企业进行转型。市场环境已经发生了巨大的改变，要求企业的发展也要脱离传统的轨道，探索新的路径，只有以营销来锻造新的企业发展方略，才能打造出属于自己的一片天地。

社会营销
理念的提出

"社会营销"这一概念是由杰拉尔德·蔡尔曼和菲利普·科特勒在1971年首先提出来的,这一新兴概念促使环境保护、计划生育、改善营养、使用安全带等方面和营销学完美地结合起来。与此同时,这一概念的提出,得到世界各国和有关组织的广泛重视,斯堪的纳维亚地区、加拿大、澳大利亚和若干发展中国家率先运用这一概念,一些国际组织,如国际开发署、世界卫生组织和世界银行等也开始承认这一理论的运用,是推广具有重大意义的社会目标的最佳途径。

一、社会营销的产生背景

20世纪70年代,随着消费者权益和环境保护呼声的日益增长,这极大地吸引了市场营销学者们的关注,于是"宏观营销"的概念也紧跟着被提了出来。我们要注意一点,宏观营销与微观营销是非常不一样的概念,尤金·麦卡锡在《基础市场营销学》一书中分别阐释道:"宏观营销是指这种社会经济过程:引导某种经济的货物和劳务从生产者流转到消费者,在某种程度上有效地使各种不同的供给能力与各种不同的需求相适应,实现社会的短期和长期目标";"微观营销是指某一个组织为了实现其目标而进行的这些活动:预测顾客或委托人的需要,并引导满足需要的货物和劳务从生产者流转到顾客或委托人"。里德·莫那和迈克尔·赫特在《宏观营销学》一书中,则有自己不同的见解:"第一是微观与宏观,前者与小规模的个别企业有关,后者与总体有关；第二是在每个水平上所进行的活动的福利焦点的区别。一般说来，微观营销活动面向的是企业福利，而宏观营销的焦点则是社会福利。"科特勒基于自己的判断，这样定义道："宏观营销的研究提醒我们经常检查营销组织活动对于消费者的福利和价值的总体影响"。

二、社会营销观念

当代市场营销并不是单纯强调满足市场需求，而是要求在满足市场的同时，担负起社会责任。美国营销大师菲利普·科特勒就在其不断深入的研究中提出了"社会营销"的概念，后来有人称之为"人道营销""社会责任营销""宏观营销"。企业在做决策时，不仅应该考虑消费者需要和公司目标，还应考虑消费者和社会的长期利益。促使人们在营销的同时，关注一些重大社会目标，如环境保护、计划生育、改善营养等。

社会营销需要与社会责任相挂钩，那么企业在实际的营销过程中就不得不考虑更多的方面，要生产符合健康和环保的标准的产品，一切产品都不应该与社会准则相违背。比如，主动放弃生产有氟冰箱，引导市场消费无氟冰箱。在新经济时代即将来临之际，企业要创造一种社会使用电子计算机的气氛，以提高国民的整体素质。所以，营销不仅要以市场为起点，还要站在更高的层面上引导市场。这样一来，企业获得了利润，民众提高了生活水平，国家也会日益富强。

三、社会营销概述

在1971年，杰拉尔德·蔡尔曼和菲利普·科特勒提出"社会营销"概念的基础上，营销学家们进一步对"社会营销"的概念进行了扩充，认为企业应负有一定的社会责任。同时，还出现了"社会的营销""人道营销""社会责任营销"等相关概念。这些概念要求企业在决策时，不仅应考虑消费者需要和公司目标，还应考虑消费者和社会的长远利益。

从社会营销的定义来看，我们已经清楚地感受到企业营销手段和社会公益是相辅相成的两个方面，二者相互促进，相得益彰。营销是有意识地改变消费者行为的工作策略，别人也许原来用那个品牌，但营销也可以使其成为我这个品牌的使用者。社会营销在这个意义上和其他商业营销是一样的，都是追求对于消费者行为的成功影响和改变。行为改变有三种可能方式：

1. 规则干预，是强制性的干预，是人们基于害怕而接受的干预，但是也是短期效率高长期效率比较低的干预；

2. 利益干预，是应用最广泛的干预，但又是最落俗套的干预模式；

3. 关系干预，是社会中最重要的干预方式，也是最具有长久影响力的干预方式，它通过改变受众与干预者的关系，将对象的行为整合到干预者期望的路线上来。

我们一起来看看三者之间的区别和联系，利益干预为传统商业营销的最普遍模式，但是"关系干预"与一部分的"规则干预"就带有社会营销性质。与一般商业营销模式比较，社会营销中所追求的行为改变动力更多来自非商业动力，或者将非商业行为模拟出商业性卖点。从以上的论断，我们可以窥见社会营销中的两个主要路径：公共项目的商业化营销和商业项目的公益化营销。

科特勒关于社会
营销理念的集中论述

社会营销理念的提出，是与全球大环境急剧恶化联系在一起的，因此社会各界人士都呼吁企业发展要顾及社会利益。与之相适应，营销学家提出了众多的新概念，比如人类观念、理智消费观念、生态准则观念。所有这些新概念所要表达的一个主题就是企业生产经营不仅要考虑消费者需要，而且要考虑消费者和整个社会的长远利益——被称为社会营销观念。此观念要求企业任务在于确定目标市场的需要、欲望和利益，比竞争者更有效地使顾客满意，同时维护与增进消费者和社会福利。下面我们来看看在科特勒的管理思想中，他是从哪些方面来集中论述社会营销这一理念的。

一、社会营销的主体

依照传统的论断和字面意思上来说，市场营销或服务营销的主体是以经营机构为主，非营利营销的主体是以非营利性组织为主。社会营销虽然是非营利性营销的一种方式，但从事社会营销活动的机构较为复杂，社会营销的主体既有公共团体、政府机构等非营利性组织，也有经营机构等营利性实体。社会营销活动产生之初，主体以非营利性的政府机关及其他非营利性组织为主。但是，从社会营销的发展趋势来看，企业等营利性组织参与社会营销的现象越来越普遍。这也使人们认识到一点，经济大环境的变化，促使营销观念的更多出现，经营机构追求成功所采用的手段也在不断丰富和多样化。

仔细研究社会营销的定义以后，我们发现，社会营销不过也只是营销学的一个分支而已，是营销学理论在以下几个方面发展的产物。

营销对象：有形产品—无形服务—社会理念。

营销主体：私人团体—社会组织；营利单位—非营利机构。

营销过程：经营机构活动—社会活动。

营销目的：商业利益—社会利益。

我们看到，社会营销的产生得益于营销的飞速发展，和其他方面比较来说，社会营销学在一定程度上是营销理念的升华和变换。因此，我们将社会营销定义为：以特定社会理念为营销对象，运用市场营销的原理和技术有目的地促进目标人群自愿改变其社会行为，从而提高个人、集体和社会利益的理论、方法、策略和技术。

二、社会营销实践者面临的挑战和问题

从20世纪70年代早期以来一直被称为"社会营销"的概念。现在，这个术语通常是指改善公共健康、防止伤害、保护环境和为社区做贡献等行为所带来的影响力。作为一个相对较新的概念，它使将其付诸实践的人面临许多挑战和问题：

1. 社会营销理论鼓励我们将目标瞄准那些最愿意做出改变的人。作为项目管理人员，我无法理解这一点。昨天我在社区诊所看到一个肥胖病患，他拒绝锻炼，其实他才是最需要我们关注的对象。

2. 如何说服那些认为我们在多管闲事的人，并让他们系安全带或使用保险套呢？他们会问："接下来又要怎样？你是不是很快就会告诉我，我不能在自己家里抽烟？"

3. 我们没有足够的资金来对抗烟草公司或酒水行业的广告。我们也不能做到像百事可乐与可口可乐公司竞争那样。实际上，我们更像是《圣经》里挑战巨人歌利亚的大卫。

4. 社会营销的某些口号，如"不系安全带就开罚单"，其实看起来更像是法规。社会营销人员是否与法规的制定相关？两者之间有什么样的关系？如何相关？何时会有关系？

三、社会营销的特征

1. 社会营销需要借鉴市场营销的原理和经验

社会营销是市场营销理论发展到一定阶段后的产物，它运用市场营销领域发展起来的原理和技术，包括交换理论、顾客导向、关注竞争者、市场研究和目标顾客行为分析、细分市场、目标市场选择（受众分割）、营销组合（4PS）、营销规划、执行和评估等。这是社会营销用来进行社会行为变革最强有力的武器，也是社会营销比其他社会行为变革方法更有效的基础，以及区别于其他社会行为变革方法最鲜明的特征。

2. 在一定程度上会渗透到社会行为的方方面面，但其最终目标是使社会价值得以实现

艾伦·安德森是社会营销领域响当当的人物，他曾经提出了这样的一个说法："社会营销的最低目标就是行为变革，这种行为变革不同于一般的行为变革，而是社会行为，即科特勒等学者所说的公共行为，指具有一定规模的目标人群的行为，而不仅仅是个体行为。社会营销的行为变革目标不但要改变人群的行为，还要使受众人群保持其变革后的行为。"

商业市场营销的活动之所以如此频繁，其最根本的导向就是使营销者实现利益的收获，他们如此在意顾客的利益和感受也得益于这一目标的实现。而社会营销项目和运动开展的立足点是为了目标受众和社会利益，而不是营销者利益（即使客观上可能导致营销者利益）。说到这个方面，我们可以看出社会营销与非营利组织营销其实是存在许多共同点的，因此社会营销的主体和开展者主要是非营利性组织，即使是营利组织开展的社会营销，也应该把目标受众

和社会利益放在第一位，否则就不是真正的社会营销。

3. 社会营销的实质是营销社会理念

众所周知，社会理念是蕴含于社会营销这一实际活动中，而且该理念与有形的物品和无形的服务都有根本的不同，这种不同使我们对社会营销内容的理解更加抽象。营销主体往往难以精确和具体地描述其营销目的的特征，从而给营销活动的推广带来很多难题，难以与目标受众进行有效的沟通。

在一般意义上的营销观念里，某个经营企业之所以积极投身于营销产品的活动中，肯定是因为他看到了该产品的人群需求，不过针对于具有特殊意义的社会营销活动来说，不仅所营销的社会理念本身大多就缺少潜在需求，而且其目标群体往往还很可能会对该社会理念表现出相反的负需求。例如"多子多福"的观念就是相对于节育理念的负需求。

需要特别提醒的是，社会理念的实施者售出产品从而获得收益不是一蹴而就，需要一个慢慢的等待过程，这也是与例行的服务营销类观念不甚相同的地方。在市场营销或服务营销理念中，消费者之所以购买某项产品，是因为该项产品会为自身带来直接利益。不过对于社会理念的实施者来说，由于自身不能很快看到效益，即使他们能认识到有利于自己的长远利益，常常也会认为利益太遥远、不现实，而拒绝接受这样的服务理念。

4. 受众对象是大众和社会

大家都明白一个道理，就是在一般意义上的服务营销圈内，营销者具有极大的主动性，他们可以发挥主观能动性，从而可以辨别出市场中哪部分群体能够作为销售对象来发展。这就是说，即使是普通的营销者，他们也有权选择自己最具竞争力的部分市场，但却没有义务去为整个市场提供其所需要的产品，然而社会营销则不同，社会营销机构在许多情况下恰恰要向整个社会灌输某种观念或采取某种行动，不能只是针对社会中的部分成员。比如医院"传播健康传播爱"的核心观念就是为服务全社会而广泛传播的。

5. 让受众靠自己的主观能动性实现自己行为的转变是社会营销方式的意愿

受众能够靠自己的主观能动性实现自己行为的转变，这是社会营销主体所愿意看到的结果，一般来说，它是通过以顾客为核心的方式实现的。这种战略是使目标受众产生对变革行为的自我兴趣，并在此基础上帮助他们自愿变革行为并保持下去。受众要依靠自己的主观能动性而不是靠外界的提醒做出某种改变，是社会营销区别于高压政策、政治约束、法律条款、经济战略等其他方法的主要不同之处。

6. 社会营销在成本花销方面的特点

产品的价格是怎么界定的？我们来举个例子，你去购买某种商品，必然需花费一定的货币成本，您明白了吗？同样的，当人们想要得到某种社会理念，虽然很少需要支付货币成本，获得者仍会支出时间、体力以及心理上的成本等。不仅如此，由于这些成本一般属于非货币形态，所以大多缺乏明确的方式或标准用以表达或衡量其成本的高低。衡量非货币性成本高低的具体标准往往会因人而异，这一特征也会使社会营销主体在运用价格策略方面要比市场营销更为困难。

四、社会营销的内容

社会营销的内容包含哪些方面呢？一般来说，最起码应涵盖社会理念，其最终导向也是想使整个社会健康、快速地向前迈进。根据社会营销的目的、形式和内容的不同，社会营销活动的内容包含四个阶段：

1. 认知改变阶段

社会营销活动一般会开展各种形式的活动，向受众大量宣讲活动理念，以使所要征求的群体认同他们的活动理念，配合其相关工作。例如宣传重视教育的意识，唤起人们对生态破坏和环境污染问题的关注，这种社会营销活动属于最简单和最基本的行为，但是，社会营销在实施与推行上比较困难，甚至不一定能够获得成功。很多时候，社会营销活动并不能达到企业所期望的阀限，目前学者们一般是用"选择性知觉""选择性扭曲"和"选择性记忆"等现象来给予解释。

选择性知觉的定义是什么呢？简单的说就是，很多人都存在一种倾向，不愿意去接受不喜欢的东西，同时不感兴趣的东西也会使他们避而远之，也就是说，人们总是倾向于接受自己感兴趣的信息，对与己无关或不感兴趣的信息则尽量规避。选择性扭曲是指人们因各自信仰、信念或价值观的不同，而对相同的信息有不同的反应和解释。选择性记忆是指人们是否会将所获得的信息存储记忆，这要取决于该信息是否符合自己的信念或主张。以上三种现象的存在，导致受众群体的认知能力大大减弱，如何很好地去处理这个问题，成为当今社会营销学研究的主要课题。

2. 行为改变阶段

在某些特殊的时段，一些社会营销活动的出发点都是为了在短时间内改变目标群体的行为。举个例子来说吧，吸引人们参与某项社会活动，鼓励人们积极储蓄，号召人们踊跃献血等。一般来说，促成人们行为的改变要比单纯灌输某种认知更为困难。因为人们改变认知通常不需要付出任何代价，而行为改变则不同，往往需要付出时间、距离、机会等各种形式的成本，甚至还会付出心理成本。目标群体行为改变的难易程度是与付出成本的高低成正相关的，这就要求社会营销活动开展时，要为目标群体提供更多的利益和方便，才能有效促使其特定行为的改变。

3. 习惯改变阶段

习惯改变与上面提到的行为改变是有很大不同的，最显著的不同来自于目标趋向的时间长短问题，前者是长期的，而后者是短期的。最常见的促成习惯改变的社会营销活动有劝导人们锻炼、运动、戒烟，改变不良的饮食习惯等。显然，要促成人们对自己长期形成的行为方式或习惯有所改变，又会比促成短期或具体行动的改变更加困难。通过上面的论述，我们可以说让目标群体行为的改变是一件极其不简单的事情。

4. 价值观改变阶段

一个人的价值观是在长期的学习、生活和工作过程中形成的，一旦形成就很难改变。如我国的计划生育工作在推行过程中就不惜成本，甚至采用高压政策，但是由于传统的生育观念的阻挠，导致效果不太理想。因此，如果能达到改变目标群体价值观的目的，那就可以认为是社会营销有效了。

五、社会营销与相关概念的区别

社会营销的关注点较多地集中在市场服务上面，所以容易与之混淆的概念是非常多的，为了更好地说明这一概念，接下来我们选择一部分说明他们的相互区别。

1. 社会营销与传统市场营销

任何事物之间都是相通的，社会营销的很多经验来自于市场营销，包括理论体系、策略和技术等诸多方面。但社会营销与市场营销有许多明显的不同。传统市场营销主要是以营销为目的所进行的营销活动，其主体主要是营利组织或个人，其营销对象主要是有形的产品或服务。社会营销所从事的基本上都是非营利性的活动，其关注较多的是社会价值的实现。

2. 社会营销与关系营销

我们都很清楚一点，就是社会营销和关系营销都是归属于服务营销这个大家庭里，不过此二者存在诸多不相同的地方。首先，二者的目标不同，关系营销主要以实现自身经济利益为导向而实施的营销策略，社会营销则以社会利益和社会价值为出发点。其次，二者营销的目标人群不同，关系营销往往针对不同的目标人群采用不同的关系营销方式，而社会营销往往就整个社会、人群营销某种"社会理念"，如医院针对医疗消费者可以采用"顾客导向"的营销策略，而针对人类共同关心的肥胖症问题则可以采取绿色营销方式，从食品、营养角度进行营销宣传。举一个浅显的例子，以顾客为服务根本属于关系营销的范畴，但是"绿色营销"则属于社会营销范畴。

3. 社会营销与事业营销

我们不止一次的发现，在许多人的口中，经常听到混淆此二者定义的言语，于是有必要来认真区分一下。事业营销是指通过开展公益事业而进行的营销活动。两者非常容易使人误解他们都在从事同一种活动，因为二者都在从事公益性的事业。二者的区别包括两方面：首先，开展营销活动的主体不同，社会营销的主体一般是非营利组织，是进行非营利目的的营销活动。而事业营销的主体一般是营利组织，为推广产品、品牌或树立企业的公益形象而开展的公益营销活动，是有营利目的的。第二个方面，两者的最终要求不尽相同，社会营销的目的是促使目标受众变革行为，而事业营销只是开展公益活动，提高受众的福利，并不将变革受众行为作为自己的目的。

4. 社会营销与非营利组织营销

最后一个最容易使人忽略的问题，就是社会营销与非营利组织营销之间的不同，非营利组织营销是诸如医院、政府，为了实现组织的目标，提高对顾客或受众的服务水平而开展的营销活动。它囊括的圈子比较宽广，与商业营销的区别主要在于是否为了营利。社会营销往往是单打独斗，目的是使某一个目标得到实现。可以说社会营销是以一个项目，或为了解决一个社会问题而展开的，而非营利组织营销是以一个组织为主体展开的。

通过上述论断，我们可以得出结论，社会营销需要重点把握的就是充分利用其科学理论，转变各种职能，提高社会群体的积极性，更好地为全社会服务，建立和谐、有序的社会发展观念。

10

世界领导与变革
领域的权威人物

——约翰·科特

走近领导变革之父
——约翰·科特

约翰·科特，在管理学界，有着"领导变革之父"的美誉，同时他在领导力方面的发言权也是极其具有权威性，在2008年《哈佛商业评论》中文网中被为评选为对中国影响最为深远的6位哈佛思想领袖之一。

约翰·科特的故乡位于美国的圣地亚哥，其求学经历极其辉煌，先后就读于麻省理工学院及哈佛大学。1972年，开始在哈佛商学院任教，仅仅8年过后，约翰·科特就被评为哈佛商学院的终身教授，他和"竞争战略之父"迈克尔·波特是哈佛历史上此项殊荣最年轻的得主。

从20世纪70年代开始，约翰·科特开始从事写作，将其管理思想及其管理理念体现于书中，代表作有《变革之心》（The Heart of Change，2002）、《领导者应该做什么》（What Leaders Really Do，1999）、《松下领导学》（Matsushita Leadership，1997）、《领导变革》（Leading Change，1996）、《新规则》（The New Rules，1995）、《企业文化和经营业绩》（Corporate Culture and Performance，1992）及《变革的力量》（A Force for Change，1990）等等。行销全球的《领导变革》勾勒出成功变革的8个步骤，具有极强的可操作性，已经成为全世界经理人的变革指南。科特的最近新书是《冰山在融化》（Our Iceberg is Melting，2006），科特在书中告诉我们，无论是企业还是个人，当生活空间日益逼仄，市场空间日渐萎缩的时候，唯一的出路在于摒弃旧观念，寻找新视角，以不懈的变革来开拓新的生存空间。《谁动了我的奶酪》一书的作者为此书作序，他说："借助《冰山在融化》这本书，人们可以在如今飞速发展的时代收获更多的成功。"约翰·科特的著作见解深刻、独到，读之令人兴奋，所以畅销海内外的许多国家和地区。

除了著书阐发己见以外，约翰·科特还是享誉海内外的演说家，他曾经为数十家企业提供过演讲和咨询服务，其中包括了花旗集团、百事可乐、通用电气等世界顶级公司。20世纪，科特多次来到中国开设讲座、进行各种学术交流。科特的演讲声情并茂，极富感染力，他的目标是激发听众的积极性，所以在个人演讲之外鼓励听从以互动的方式参与讨论。

科特的一生都奔波于教学、写作和演讲这三大事情上面，取得的成就也是令人艳羡的，奠定了他在领导和变革方面不可取代的地位。他曾经因为改革哈佛商学院研究生课程设计而获得"埃克森奖"，因提出企业领导的新观点而获"JSK奖"，因撰写最佳《哈佛商业评论》文章而两次获"麦肯锡奖"，因著作《松下领导学》而获《财经时代》的"全球商务书籍奖"，等等。《商业周刊》在2001年将科特评选为"领导大师第一人"。《领导者应该做什么》是科特于2004年1月完成的，并被刊登在《哈佛商业评论》上，这一文章被评选为"管理史上的奠基之作"中8篇文章之首，这一成就直接把科特推到了与"竞争战略之父"迈克尔·波特、"现代管理之父"彼得·德鲁克等管理大师相提并论的崇高地位。

科特在人生的最初期，将他的几乎所有精力都放在了对管理者行为的论述上面，此后又转向了其取得巨大成就的对领导艺术研究方面，科特经常挂在嘴边的一句名言就是："取得成功的方法75%～80%是靠领导，其余20%～25%靠管理，而不能反过来。"这句话道出了领导与管理之间的辩证关系：领导和管理是两个互不相同但又互为补充的行为体系；在日趋复杂和变幻无常的商业社会中，这两者缺一不可，都是取得成功的必备条件。科特通过一一列举领导和管理的不同职能，得出了精辟的结论：领导未必优于管理，也未必可以取代管理；要获得成功，真正的挑战在于将强有力的领导能力和管理能力结合起来，并使两者相互制衡。科特的精辟论断是值得我们中国的企业家深深思考的，"领导"和"管理"这两个概念及其目的在我们国家经常被当作一个概念来理解，这就犯下了对高层领导的过分倚重的很大偏差。

我们还要注意一点，科特对企业文化也有深入的探究，这一研究开始于20世纪80年代的末期，通过艰苦卓绝的探究，他和哈佛商学院的另一位教授詹姆斯·赫斯克特共同撰写的《企业文化和经营业绩》一书取得巨大反响。在该书中，他认为，企业文化对长期经营绩效有巨大的正相关性，企业长期经营绩效的好坏与企业文化的强弱无关，而与企业文化是否适应外部环境变化有关。自然发展的企业文化容易导致不健康的文化，而提升绩效的文化需要管理层长期的努力。

约翰·科特
的领导理论

提到约翰·科特，人们就不得不提到他的"领导与变革"理论，作为该领域的集大成人物，他的每一次发言都会触动整个管理学界。

他用20年的时间对在哈佛商学院学习过MBA的企业家们进行跟踪调查，分析得出了许多令人耳目一新的结论，对20世纪80年代后的管理思想发展有相当大的影响。

一、领导行为不等于管理行为

科特把很多的精力放在了去区分领导与管理的定义上面，他本人经常挂在嘴边的一句话就是："取得成功的方法是75%~80%靠领导，其余20%~25%靠管理，而不能反过来。"这句话道出了领导与管理之间的辩证关系：领导和管理是两个互不相同但又互为补充的行为体系；在日趋复杂和变幻无常的商业社会中，这两者缺一不可，都是取得成功的必备条件。

在科特看来，领导行为和管理行为在实际生活中发生各自不同的效用，领导行为强调的是卓有成效的变革，而管理行为是为了使企业在良性运行的轨道上前进。有效的领导和高效管理相结合，将有助于产生必要的变革，同时使混乱的局面得到控制。但领导行为自身永远不可能使一项活动年复一年地按时、按预算保持运作，而管理本身也永不可能创造出重大的、有用的变革。

很多人会发出这样的疑问，就是领导和管理能否各自为战，发挥最大效能呢？科特给予了否定，他认为二者必须相辅相成、缺一不可。一个企业要成功，不仅必须持续地满足顾客、股东、雇员和其他人的目前需要，还必须确定并适应这些主要对象随时不间断变化的要求。为此，它不仅必须以令人满意的、系统的、合理的方式来计划、预算、组织和配备人员，控制和解决问题，以实现预期的日常目标，而且还必须确定一个合适的未来发展方向，必要时对这一方向不断进行调整，联合众人朝此方向不懈努力，即使是付出沉重代价，也要激励雇员们进行变革。

二、企业需要什么样的领导

科特通过研究发现，领导在一个企业中的作用是非常大的，好的领导可以带领企业走向辉煌，在现代企业架构中，除了投资方，企业主要由聘用的职业经理人来打理。企业中的管理者一般都身负"领导"和"管理"双重职能，这两种职能究竟有何区别？两者孰轻孰重？"领导"和"管理"是两种不同的职能，"领导"职能主要在于"确定方向、整合相关者、激励、鼓舞"这四项职能，其目的是为了产生变革；"管理"职能主要在于"计划、预算、组织、控制"，其目的是建立秩序。一般来说，为了适应现代社会的发展，卓越的领导人必须同时兼有好的领导才能和管理才能。

扩展开来的论述，这个问题就是，企业组织架构应该摒弃传统的模式，向纵横两个方向全面铺开。因此，我们可以说，每个管理者都在或多或少地承担领导（影响）的角色和职能。这是因为，你既需要与不同部门之间有效地进行协作，又需要在部门内部实行有效的互动，这些都需要依靠你的领导（影响）才能进行。

不仅企业高管需要"领导力"，处于企业底层的员工同样需要此能力，不过，基层员工该用何种方法去发挥作用呢？诚然，基层员工较少有机会发挥自己的领导力（影响力），但也不是完全没有机会。一方面，我们可以看到，领导力的权力基础来源于七种不同的权力，而信息权、专家权都不是来源于组织的认定，可以通过自身的培养获得；另一方面，领导的定义也指出，领导实际是指贡献价值的大小，基层员工同样可以通过不同形式来贡献自身的价值，获得领导力（影响力）。

三、重新发掘领导的作用

为了解决一直争论的领导与管理的异同问题，科特从当今形势出发，全面地论述了这个问题，使人们更加清晰地看到了领导就是领导，而不是管理及其他，也不能被管理所代替，在新时代更应该重新发掘和重视领导的作用。

管理者绝不等同于领导者，管理者如果具备了真正的领导能力才是领导者。而为了有效地进行管理，必须有效的实施领导。科特指出，管理主要是近100年的事物，是随着近代一大批复杂组织的出现应运而生的，而领导则更加古老。领导和管理虽然有许多相似之处，但二者之间存在着极为明显的差异：领导主要处理变化的问题，领导者通过指明前进的方向，然后把这种前景与其他人进行交流，激励和鼓舞他人克服障碍达到目标，带动企业发展，带来建设性或适应性的变革。而管理则主要处理复杂的问题，优秀的管理者通过制定正式计划、设计规范的组织结构以及监督计划实施的结果而达到有序一致的状态，带来的是特定的企业秩序和经营规律，使企业高速运转。

随着经济环境和形势的改变，领导工作与管理工作呈现出分崩离析的境地，一方面管理越来越具体，为了达到组织的目标而采用合适的方法和手段，对有关的人、事、物、时间和信息进行计划、组织、指挥、协调和控制等一系列活动；另一方面，领导工作更需要超脱于具体的管理，以便从全局出发，用战略的眼光和头脑进行运筹谋划，致力于战略方针的决策和经营政策的制定。由此，我们得出结论，管理者和领导者绝不是同一概念，把二者等同起来看问题是错误的看法。

四、领导艺术

以上探讨的主要问题是企业发展的外部因素问题，科特在综合分析的基础上，认为企业管理中，内部因素也需要做认真考量。这些提法，对我们认识在新的环境下的管理思想有一定的帮助。

1. 激励的方法

针对一个好的领导究竟应该如何来激励他的下属呢，科特给出了四种行之有效的方法：

（1）在向相关人员明确阐述远期目标时，要极力强调他们的价值（使他们感到目标的实现对他们至关重要）。

（2）让他们积极参与进来，决定如何实现与他们密切相关的远期目标或远期目标的一部分（给他们一种操纵感）。

（3）积极支持他们为实现他们的远期目标而作出的努力，并辅之以指导，使他们起到模范带头作用（有助于提高他们的业务水平，增强他们的自尊）。

（4）对他们的成功加以公开的认可和奖励（给予他们认可，让他们有一种归属感）。

2. 领导者必须具备的"四要素"

随着形势的变化，一些观念和准则也要随之跟着改变，企业发展也要如此，为了与这一变化相适应，科特提出了领导的"四要素"。这四个要素是：

（1）动力和精力

动力和精力是由个人人格特点所决定的，是由人的遗传和后天的经历所决定的。具有旺盛的内在动力，渴望求得发展，获得成功，是领导人必不可少的特征。

（2）智力和智能

超常的智力和智能是具有卓越的领导才能的领导者必须具备的基本条件。

虽然他们不是天才，但是他们的某种基本智力是超常的。而对于智能来说，经营方向的拟定是至关重要的。如果没有这一条件就不可能吸收大量不同的信息，并找出这些信息之间的联系，因为这是一种颇具难度和相当复杂而艰巨的任务。

（3）精神和心理健康

精神和心理健康在领导的全过程中都具有十分重要的作用，对联系他人和准确地把握他人的情感和价值观都起作用，尤其对拟定经营方向起非常关键的作用，这是领导者的阅历和修养的结果。

（4）正直

正直是领导人物的一个重要品质。领导人的正直对其下属和同事有极其重要的影响。许多人特别善于判断领导人是否看重他们，关心他们的幸福，他们只需稍稍观察他的所作所为及产生的影响即可。正直是领导者的基本素养，也是做人的基本素养。

因此，在详细分析以后，科特得出论断——动力、智力、心理健康和正直是对重要领导职位的最低要求，只有这四种素质都达到了一定的水平才行。这其中某一个要素没有达到标准都会导致领导的行为出现偏差。

科特说到一个严肃的问题："现在需要的是管理和领导能力都具备的人，这是一个很难达到的要求，而现代社会正是提出了这样的要求。但由于领导和管理差异很大，以至于它们很容易发生冲突，一家主要由领导人员和管理人员构成的公司通常会分化成两大敌对的阵营，最终导致一边占上风（通常是管理阵营占上风，因为其阵营要大一些），而另一边遭到排挤，在领导兼管理型的公司中是极少发生这样的情况的。"

科特指出："主导当今社会的是无数企业组织。培养、发展足够的领导兼管理型的人员帮助经营这些企业是一个巨大的挑战，是我们必须迎接的挑战。"

成功变革的8大步骤

企业变革想要取得成功，需要做很多准备工作，而且这是个牵一发而动全身的事情，仅仅某一个个体做出改变是不够的，需要协作改进，才能确保成功。

一次成功的变革是一个极其烦琐的事情，一般来说，包括以下的8个步骤：增强紧迫感，组建一支指导团队，为组织变革确立明确的目标和战略，将目标和战略有效传达给组织中的其他成员，清除采取行动过程中的障碍，取得短期成效，保持组织内部的这股变革浪潮，直到工作全部完成，最后，建立一种新型企业文化，将组织中新的行为习惯固定下来。在此8个步骤中，最急需要和重点解决的是使人的行为发生转变，这个转变的内容包括怎么去改变人们工作的内容和方式。

在组织变革期间，各个组织发挥效能的失败与成功率是不一样的，有的组织极容易成功，有的却陷入失败，要对此问题做一个很好的解答，首先你需要了解一下有效的大规模组织变革的整个流程。在几乎所有情况下，组织变革都包含8个步骤：

步骤1

在组织变革过程中，不管你所经营的部门是大是小，都务必记住在你所管辖的部门的员工心目中，造就紧迫的氛围。在小型的组织当中，"相关人员"的人数可能更接近100而不是5，在大型组织当中，这一数字则会更接近1000而非50。那些不大成功的变革领导只会关注组织中的一小部分人，却对一些弥漫于整个组织的情绪——自满、恐惧或者愤怒——不闻不问，但这3种情绪却会在很大程度上破坏企业当前正在进行的变革。紧迫感的形成，有利于促使员工意识到变革的迫切感，进而采取积极的应对行动。

步骤2

紧迫感形成以后，身为组织的领导者要迅速成立一个团队，来担任变革过程中的指挥和协调工作。这支团队应该有着很强的责任感，并且能够得到大家的信任。而那些不大成功的组织却会把所有工作重心都放在一个人的身上，有的时候甚至是依靠复杂的管理结构，当从事具体的变革领导工作的人缺乏必要的权威和能力的时候，整个变革工作也就变得难以继续开展了。

步骤3

下一步比较关键，新近成立的这个团队要迅速确定进行变革所需要的周密和翔实的计划和既定目标。而在那些不大成功的组织当中，领导者们列出的只是详细的计划和预算——这些虽然是进行变革的必要条件，却并不充分；或者是一个并不符合当前世界及企业实际情况的目标；或者是一个由其他人制定并在很大程度上没得到指导团队认同的目标。而在另外一些不大成功的企业当中，领导者所制定的战略常常过于缓慢、过于谨慎，以至于无法跟上时代的步伐。

步骤4

计划和既定目标确定下来以后，就要迅速传达给下级组织成员，就像溪流一样，层层流入，确保每个小部门都能得到讯息。这一步骤的目标就是在所有相关人员内部形成一种共识、建立一种责任感，并因此而更多地释放组织当中大多数人的能量。在这个过程当中，实际行动的力量通常要大于侃侃而谈。人们会更加注重领导者的行为，而且这些行为应当是不断被重复的。而在那些不大成功的组织当中，领导者很少能有效地进行这种传达，或者人们即使听到了命令，也不会真正地接受它们。值得一提的是，很多智商很高的人并不善于沟通，但他们却一直都没有意识到这个问题。

步骤5

组织变革想要取得彻底的成功，身为领导者一定要完全和放心地授权下属去大胆的做，以此来清除组织目标实施过程中的障碍。变革领导者们常常把重点集中在那些不肯放权的老板、不充分的信息和信息系统、以及人们大脑中的自信障碍之上。这里的问题是清除障碍，而非"给予权力"。你不能盲目地将权力拱手让人。执行者们通常没有得到必要的权力，他们束手束脚，却不得不为自己的"工作不力"而辩解，这当然就会在整个组织内部导致一种挫折情绪，最终使变革无法进行下去。

步骤6

一系列必要的准备工作都完成以后，领导者就要想方设法向部门成员展现一些短期绩效，这是非常重要的一个步骤，他可以极大地激励员工去努力工作，并为随后的工作提供必要的资源和动力。而在那些不大成功的组织当中，变革的成效通常会来得更慢、更不明显、而且也不大能引起人们的兴趣，事实上，在很多情况下，人们会怀疑这种"成效"是否真的意味着成功。如果没有一个管理良好的流程、精心选择的初期项目，并以足够快的速度取得一些短期成效，组织中产生的怀疑情绪会让所有的变革工作功亏一篑。

步骤7

展现了成绩以后，身为部门的领导者决不能懈怠和松弛，而是要加倍努力，使人们更加出色的继续前行，因为在这个时候，整个组织的信心都被调动起来，早期的一些变革措施也开始得到理解和认可。这时人们就会精明地选择以后的行动，并不断地将变革推向前进，直到彻底实现组织变革的目标。而在那些不大成功的组织当中，人们总是容易犯急性病，他们希望一蹴而就，却不考虑应当如何保持人们的情绪，这样就会使继续变革的士气下降到难以挽回的境地。

步骤 8

这是来到了最为关键和重要的最后一步，此阶段，组织目标已经完成，领导者们会通过培育一种新的企业文化来把所有的变革成果固定下来。一种新的企业文化，包括组织当中的群体行为规范和人们的价值观念的建立，需要相对较长的一段时间，而且在这段时间里，整个组织还需要不断取得新的成功以证实变革措施的有效性。在这个过程当中，适当的人事变动、精心设计的新员工培训以及那些能引发人们某种情感反应的活动，都可能起到很重要的作用。如不立即将企业文化的成果固定下来，变革所取得的成果就会表现在表面的形式中，经不起风雨的轻微打击。

企业的变革

一、为什么要进行变革

变革就是指组织的环境、结构、技术和人员的改变。如果没有变革，管理者的工作会相对简单得多，计划将会变得十分简单，因为明天和今天将会一模一样；组织设计的问题也将迎刃而解，因为环境没有不确定性，组织也就无须适应，这样，所有的组织都可以采用严谨的结构。同样，制定决策也将大为简化，因为可以非常准确地预测每一备选方案的结果。的确，如果竞争对手不推出新产品或新服务，消费者不产生新的需求，政府法规一成不变，科技永不进步，员工需求固定不变，那么管理者的工作将会大大简化。

但是，但凡组织都要进行变革，我们面对的都是一些不得不面对的任务和现实。管理者面临来自外部和内部的两种制约力量。正是由于这两种制约力量的出现，才使变革成为必须。下面就让我们简单地考察一下这些因素。

1. 变革的外部力量

外部的许多因素促使变革的发生，大致有这么几种来源。

（1）新竞争的出现

随着经济大环境的转变，新近出现的诸多不安定因素已经开始影响到诸如贝尔大西洋公司和多米诺公司。譬如，贝尔大西洋公司现在正面临着提供地区电话服务的电报公司的挑战，而多米诺公司现在也必须接受来自必胜客和小恺撒公司的竞争，因为这些公司最近进入了外卖市场。政府法令和法规也是变革的动因之一。例如，美国残疾人法案的通过，要求成千上万的企业拓宽门道、重新安排休息室、增加斜道及采取其他措施方便残疾人出入。

（2）新技术的出现

进入新的世纪，网络深深影响了我们获取信息的方式，技术变革成为必须。新技术以及来自中介机构的竞争迫使美瑞尔·林奇（中介公司）在互联网上向客户提供无需中间人的交易方式。

（3）经济变化

绝大部分的组织都会受到经济发展形势的影响，尤其进入20世纪90年代后期，利率的大幅下调激起了房地产市场的空前繁荣，这意味着更多的工作、更多的就业机会，以及与建筑业相关的其他行业销售收入的大幅增加。

2. 变革的内部力量

变革的内部力量多来源于两个途径：一是来自于组织的内部，其二是来自于外部变革，施加的影响，因此变革成为必须。

当企业的高层去重新规划一个目标时，伴随着的往往是一连串的的变革。例如，当甲骨文公司（Oracle）制定出在互联网及电子商务市场上更加进取的新型竞争战略时，组织成员不得不改变他们的工作方式——大幅调整营销方向，因为销售代表现在要销售的是甲骨文公司完整的系列产品而不是某一特定产品线的产品。

企业新设备的引进其实也是促使变革的一种有生力量，这意味着企业要进行某些小范围的调整，同时还要进行培训以操作新设备，或者要求他们在正式的小组内建立新的协作方式。一个组织的员工队伍很少是稳定不变的：人员构成会在年龄、教育程度、性别、国别等多个方面发生变化。

组织发展多年，内部人事已趋于稳定，此时为了激励年轻的员工，进行某些方面的变革成为必须。薪酬和福利制度可能也需要调整，以反映不同用人部门的需求以及市场中某一技术供不应求的影响。

组织可能在日常运行过程中没有过多地关注某些员工的个人情绪，引起骚乱和不满情绪，这些事件反过来常常会导致管理政策和实践的变革。

3. 管理者如何成为变革的推动者

变革是一个复杂的过程，就像是化学反应需要催化剂一样，变革同样也是需要催化剂的，一般我们将在组织中担当催化剂角色的人称为变革推动者。

变革推动者的来源非常广泛，任何部门和阶层的人都可以担当此角色，一般来说，大部分的管理者都可以担任，不过，绝不是说所有的变革推动者都是来自管理者，譬如，内部的职能专家或者外部的咨询人员，他们的专业技能会被运用于变革的实施过程。对于系统性的大变革，内部管理层通常会聘请外部的咨询人员提供建议和帮助，因为这些人来自外部，他们通常能够提供一种内部人员缺乏的客观的观点。然而，外部咨询人员的缺陷在于对组织的历史、文化、作业程序和人事等缺乏足够的了解。他们还比内部人员更为倾向于彻底的变革——这可能有利，也可能有弊——因为他们不必去承受推行变革带来的各种后果。相反，内部管理者作为变革推动者时，可能更需要深思熟虑（也可能更加小心谨慎），因为他们与其行动的结果休戚相关。

二、变革的类型

一般来说，变革存在以下两种基本类型：战略变革和经营变革。

1. 战略变革

战略变革从字面上来看，是属于一般将来时，它是朝着一个充满希望的既定未来方向发展的。战略变革会覆盖组织的目标和宗旨，覆盖公司哲学，诸如成长、质量、创新、人力价值、所服务的客户需求及所采用的技术。在这个总的定义下产生出特定内容：竞争定位、赢得并保持竞争优势的战略目标以及产品市场发展。这些目标的实现，需要一系列相关政策的支持，比如市场营销、销售、生产、产品和流程开发、财务和人力资源管理。

战略变革是在以下背景下产生的，这些背景包括外部竞争、经济和社会环境、组织的内部资源、能力、文化、结构和系统。如若想要取得战略变革的完美实现，就需要在初始阶段完成对此类要素的综合把握与妥善处理。

2. 经营变革

经营变革所发生效用的领域相比战略变革的范围来说就小得多了，它是指在组织的某一部分内，新系统、新程序、新结构或新技术对工作安排所产生的影响。此种变革对人的考量要大和严重得多，应当慎之又慎。

三、企业变革的过程

世界经济环境复杂而多变，伴随着的是机遇和挑战并存，公司面对的不仅是国内的市场，也要面对国际市场。他们面对的竞争不仅有国内的，也有国际的。这就迫使各公司不仅要为提高竞争能力和获得成功实施改革，而且还要为企业的生存，实行重大调整。反之，技术变革、世界经济一体化、较发达国家的国内市场走向成熟、世界范围内的知识经济的广泛和强有力的影响，对市场全球化也起到了推动的作用。多变的情景，也促使企业进行自我调整，以顺应时代发展的大趋势。

变革的目的很明确，就是为了着眼于将来，其过程跨越了过去、现在和将来。在这个过程开始时，人们意识到需要变革了，在对现有状态以及创造这一状态的种种因素进行分析之后，人们会认识到当前情况的特性和需要采取行动的方向。然后可能会发现可行的行动方案，对他们做出评价，选择一个最佳行动方案。此时，最好选择一个到达下一个阶段的最好方式。

过渡阶段的统筹变化在整体的体系中居于核心地位，在这一阶段，我们很容易发现问题，并着手去解决。这些问题需要加以处理。这样的问题可能包括对改变的抵抗，稳定性差、压力大、不知所措、冲突和推动力丧失。因此，需要尽可能多地采取一些措施，预计人们对变革的反应和可能遇到的障碍。

在变革的最初阶段是一个相当棘手和遭遇困境的阶段。在计划变革时，人们会有这样一种倾向，认为从A到B将是一个完全逻辑和线性的过程，事实并非如此。变化的完成是一个反复的过程、积聚的过程、在变化中不断完善的过程。

一个成功的变革过程可以划分为八个步骤。这八个步骤统筹兼顾，相互协调运作，以确保变革顺利实现。

1.增强紧迫感

在组织变革过程中，不管你所经营的部门是大是小，都务必记住在你所管辖的部门的员工心目中，造就紧迫的氛围。要想增加紧迫感，就必须消除造成自满情绪的根源，或尽可能缩小其影响。企业的领导人要制造出一些危机，让员工都有危机的意识。例如，允许出现财务亏损；通过同竞争对手进行对比，让领导者们了解公司存在的问题和与对手的差距；在决策过程中定出更高的标准；鼓励每位员工多从外部收集有关行业的信息；高层管理人员停止发表乐观言论。

2.建立指挥团队

紧迫感形成以后，身为组织的领导者要迅速成立一个团队，来担负变革过程的指挥和协调工作。特别是对于21世纪来说，要进行企业的重大变革，仅靠一位孤立领导者单打独斗是不行的，需要组建一个联合指挥团队，通过这个团队，集体做决策，共同对决策负责。委员会的规模大小似乎同这家企业的规模有关。当然，这个团队也要有一个好的领导，没有好的领导是不会获得成功的。

3.确定变革愿景

下一步比较关键，新近成立的这个团队要迅速确定进行变革所需要的周密和翔实的计划和既定目标。没有愿景，决策过程有可能演变成一场无休无止的争吵，而在做预算时可能会不加考虑，信手将去年的数字改动5%就算大功告成。从长远看，如果没有明确的设想，产品的重新策划、企业的调整和其他改革计划就决不会发挥作用。

4. 有效沟通愿景

计划和既定目标确定下来以后，就要迅速地传达给下级组织成员，就像溪流一样，层层流入，确保每个小部门都能得到讯息。只有在参与这项事业或活动的大多数人就所要实现的目标和行动方向达成共识时，设想所蕴含的力量才能得到释放。为此，有效的沟通就显得非常重要。为了能够达到这一目的，在建立愿景时应该简洁、清晰明了、多用比喻和类比，而且还要领导人进行反复的强调。要进行双向的交流，提出自己的想法并听取他人的意见。

5. 授权行动

组织变革想要取得彻底的成功，身为领导者一定要完全和放心地授权下属去大胆的做，以此来清除组织目标实施过程中的障碍。向职员们宣传一项合理的改革设想：如果职员们有了一个共同的目标，那么，为了实现这些目标行动起来就容易多了；使体制适应改革设想；为职员们提供必要的培训；使信息制度和人事制度适应改革设想。以上措施的核心是授权，改变领导与管理体制。

6. 创造短期成效

一系列必要的准备工作都完成以后，领导者就要想方设法向部门成员展现一些短期绩效，这是非常重要的一个步骤，他可以极大地激励员工去努力工作，并为随后的工作提供必要的资源和动力。这种短期成效对改革计划起了肯定的作用，明显的收益也有助于获得老板的必要的支持；持观望态度的人变成了支持者；而且也有利于管理团队来检验他们的设想等等。

7. 不要放松

展现了成绩以后，身为部门的领导者决不能懈怠和松弛，而是要加倍努力，使人物更加出色的继续进行，因为在这个时候，整个组织的信心都被调动起来了，早期的一些变革措施也开始得到理解和认可。变革失败的原因一般有两点：其一，以往的管理方式往往过于集中，根本无法应付20个以上的复杂变革计划；其二，变革计划的负责人没有协调他们之间的行动，彼此造成牵制，产生阻力，妨碍改革成功。因此，这时候千万不能放松，一定要坚持下去，把改革进行到底。

8. 巩固变革成果

这是来到了最为关键和重要的最后一步，此阶段，组织目标已经完成，领导者们会通过培育一种新的企业文化来把所有的变革成果固定下来。文化对长期经营绩效有巨大的正相关性。新模式的文化应是"以变化为支点的企业文化"。企业文化能够使企业可以应对各种复杂的形势，做到有的放矢，此时企业的能力足以抵抗那些实力比自己更为强大的企业，从而发展壮大。